西野智彦
Tomohiko Nishino

ドキュメント 異次元緩和

——10年間の全記録

岩波新書
1997

プロローグ

一〇年務めた黒田《くろだ》東彦《はるひこ》に代わり、第三二代日本銀行総裁に経済学者の植田和男が就任した。明治一五年(一八八二年)の開業以来、学者が日銀総裁になったのは初めてである。

二〇二三年四月一〇日、就任の記者会見で植田は前任者の業績をこう評した。

「私だったら決断できなかったかもしれないような思い切った決断をされ、実行された。それは、その時期の総裁として、一つの判断だった」

「十年一日」という言葉がある。

『広辞苑』には「長い年月の間少しも変わらず同じ状態であること」とあり、同じことをずっと繰り返し、進歩も進展もない様を表す時によく使う。だが、一方で「長い期間、粘り強く物事に取り組む」姿勢を前向きに評価する際にも使われる。

黒田の時代は、その意味でまさに十年一日のようであった。

就任時に約束した二%のインフレ目標を実現するため、ぶれることなく金融緩和を続け、デフレではない状態を取り戻したという評価もあれば、一〇年もやりながら進展はなく、それどころか日本経済を劣化させたとの辛辣な批判も聞かれる。

自ら「これまでとは次元の違う金融緩和」と喧伝したことから、黒田時代の政策は「異次元緩和」と呼ばれている。過去の常識を覆す大量の通貨供給で物価を押し上げ、日本経済を再生させようという意気込みが、その言葉には込められていた。安倍晋三内閣が掲げた「アベノミクス」の主力エンジンであり、世界が注目する稀有な金融実験でもあった。

だが、一〇年経っても所期の目標には到達できず、異次元緩和はそっくりそのまま次の代に引き継がれた。非常手段だったはずの策は、いつの間にか常態化し、財政や企業活動の「前提条件」となり、もはや容易には後戻りできないレベルにまで膨脹している。

生活の実感には乏しいが、実は金融政策ほど広く、あまねく国民に影響を及ぼす経済政策もない。中央銀行が決める通貨の価格(金利)と量は、さまざまなルートを通じて企業や家計の行動に波及し、時間をかけて経済社会を変えていく。景気も物価も株価も為替も、常に金融政策の影響下にある。円という通貨を使っている限り、誰一人、その網から逃れることはできない。

だからこそ、バトンを託された植田は、緩和継続の必要性を唱えながらも、十年一日のごとく続く「異次元の世界」から早く脱出し、元の正常な姿に戻そうともがいているように見える。

そう感じさせる場面があった。

二三年九月二二日。大規模な金融緩和の継続を決めたあと、植田は記者会見で厳しい質問攻めに遭った。「こんなに物価が上がっているのに、なぜ政策を変えないのか」と。消費者物価の上昇率はすでに一七カ月連続で二％を超え、国民の間に不満が募っていた。にもかかわらず、大規模緩和が続き、円安と物価高を「助長」していることへの強い疑問である。植田は「家計に負担が重くかかっているということは重く認識している」と言ったあと、こんな不可思議な話をした。

「基調的なインフレ率はまだちょっと物足りない。しかし、全体のヘッドライン〔総合〕インフレ率は二％を大幅に超えている、これは下がっていくことが望ましい。この二つを達成していかないと評価されないことは十分承知している」

原油高など一時的要因を除いた「物価の基調」はもう少し引き上げたいが、見かけのインフレ率は下げたい――。要はそういうことだが、金融政策を使ってそのような「微調整」を行うことは、そもそも不可能である。植田が取り組んでいる「粘り強い金融緩和」に、物価を押し下げる要素は含まれていない。

見かけのインフレ率は、放っていても自然に収束すると見ているのだろうか。だが、もしそうなら、自力でそれを解決してみせるかのように振る舞うのは、総裁として誠実な態度とは言えない。むしろ「物価は上がっているが、しばらく辛抱してほしい」と率直に語りかけるのが筋である。そもそも、外れっぱなしの事務方の物価見通しを鵜呑みにしているとも思えない。

学者出身の植田は、就任以来、「自らの言葉で語る」ことを心掛け、国会答弁や記者会見を含め、できる限り想定問答に頼らず説明しようと努力してきた。八月末に米国で開かれた国際金融会議でも、事前に用意された草稿を拒否し、事務方を慌てさせたほどだ。かくもコミュニケーション能力に自信を持つ総裁が、なぜ国民を「誤認」させるようなことを口にしたのか。

関係者の話を総合すると、それは植田自身、足元の円安とインフレはもはや放置できないと考えているからである。黒田から引き継いだ「粘り強い金融緩和」の必要性は理解しつつも、国民が現に物価高に苦しむなか、これ以上拱手傍観《きょうしゅぼうかん》するわけにいかないという思いが、あのような不可解な説明につながった。

これを裏付けるように、植田は一部の慎重論を押さえ一〇月末の金融政策決定会合で再度の政策修正に踏み切った。これにより、異次元緩和の「解体」がまた一歩進んだことになる。

プロローグ

本書は、日本の経済社会に多大な影響を及ぼし、かつ今後も与え続けるであろう「異次元緩和」の一〇年間の記録である。

政策の是非をめぐる論評は多々あるが、それを論じるための前提として、「誰が、いつ、どこで、何をしたのか」というファクトを押さえることが何より重要だという思いから、検証取材に取り組んだ。

筆者は二〇年秋、日銀法改正後の四半世紀を検証する『ドキュメント日銀漂流』(岩波書店)を上梓した。が、黒田時代についてはコロナショックの発生時までしかカバーできていない。

このため、過去一〇年をゼロベースで再取材し、①異次元緩和の誕生と変貌、②「リフレ派」と呼ばれる論者たちの勃興と退潮、③路線転換をめぐる水面下の攻防、の三つを主テーマに、時系列で記録することにした。

当局者の発言内容等について『日銀漂流』と一部重なる箇所もあるが、大部分は書き下ろしである。また、記録の客観性を保つため、後講釈的な論評は極力控えるよう心掛けた。

一つ一つの記述には、取材や資料に基づく一定の根拠がある。多くは当事者へのインタビューや、彼らが保存しているメモや日記、あるいは情報公開法に基づく開示文書などに依拠しており、情報源や私的文書の入手ルートは明らかにできない。

文中の肩書は、原則として当時のものを用い、敬称はすべて省略した。文中に頻出する「幹部」とは審議役（政府では審議官）クラス以上を指し、「関係者」とは所属先や役職を一切明かせない情報源の総称だが、いずれも信頼に足る当局者である。

また、オーラル・ヒストリーや国会議事録について、発言の大意を変えず要約引用した箇所が複数ある。事実誤認や誤引用、分析の誤りがあれば、すべて筆者の責任であり、ご指摘いただきたい。

それでは、報告を始めることにしよう。

舞台は二〇一三年一月。今は亡き安倍が政権復帰を果たし、選挙で公約した「大胆な金融緩和」を実現するため、新たな日銀総裁を選任しようと動き出す。一〇年超に及ぶ異次元の政策はここから始まった――。

目　次

第一章　「レジーム・チェンジ」の衝撃

安倍晋三元首相(当時)(左)と本田悦朗氏(右)(2022年2月9日，自民党「責任ある積極財政を推進する議員連盟」設立総会にて，©共同通信社)

2012年	8月	ロンドン五輪で，内村航平氏ら日本勢活躍
	10月	山中伸弥氏にノーベル生理学・医学賞
	11月	習近平氏，中国共産党総書記に
	12月	衆議院選挙で自公大勝，政権を奪還
13年	1月	アルジェリア人質事件，邦人10人犠牲

喜んで、とは言えないが

二〇一三年、東京は冬晴れの正月を迎えた。

自民党総裁の安倍晋三が政権に復帰して一週間余り。二%インフレの実現を目指す新たな経済戦略が動き出そうとしていた。

首相官邸に近い東京メトロの国会議事堂前駅で携帯電話が鳴動した。たしか一月早いころだったと本田悦朗は記憶している。

元大蔵官僚で静岡県立大学教授を務める本田は、安倍の古い友人であり、経済政策のアドバイザーだった。第二次安倍内閣が発足した、前月二六日付で内閣官房参与に任命され、官邸内に部屋を与えられていた。

改札口あたりで電話に出た。相手はアジア開発銀行(ＡＤＢ)総裁の黒田東彦である。

「お電話をいただいたようですが」と黒田が切り出した。

この日、本田は朝一番でフィリピンのマニラにあるＡＤＢ本部に電話をかけたが、黒田が不在だったため、秘書に折り返しの電話を頼んでいた。黒田は大蔵省で本田の一一期上に当たる大先輩だ。

本田は周囲に人がいないかを気にしながら、近くのトイレに駆け込み、「これはまだ仮定の話ですが」と小声で聞いた。

「もし総理が黒田さんを日銀総裁に指名したら、お受けになりますか」

しばし黒田は考え、こう返した。

「財務省は武藤さんを推しています。ですから、私としては喜んでお受けするとは言えません。ただ……」

そう言って黒田は付け加えた。

「指名していただけるのは大変光栄です。総理にそうお伝えください」

遠回しではあるが、「受諾」するというサインである。いかにも黒田らしい受け答えに本田は感心し、「そのまま総理に伝えます」と言って電話を切った。

本田と黒田のやり取りは、まもなく五年の任期を終える白川方明《しらかわまさあき》現総裁の後継者選びに向けた「事前の意向確認」だった。

政権発足に際し、安倍は次の総裁人事こそが経済戦略のカギを握ると考え、本田に下調べを指示していた。本田はこれまでに公刊された書籍や論文をかたっぱしから読み、安倍の考えに近い金融政策論の持ち主をリストアップした。そのうえで、安倍の指示により、何人かの候補者に「受諾の意思」があるかどうかを事前に聞いたのである。

ただ、黒田も言ったように、古巣の財務省はこの時点で元事務次官の武藤敏郎を後継総裁にしようと動き回っていた。武藤は五年前にも総裁候補となったが、財務省OBの起用に参議院で優位を占める野党側が反対し、代わりに白川が選ばれた経緯がある。

財務官僚たちは今度こそ武藤総裁を実現しようと躍起になり、財務大臣となった麻生太郎に「総理を説得してほしい」と懇請した。「少なくとも三回は［総理に］働きかけてもらった」と同省幹部は証言する。

だが、本田によれば、安倍の中に武藤という選択肢は最初からなかった。

遡って二〇〇六年三月、日銀はまだ官房長官だった安倍の強い反対を押し切り、量的緩和を解除した。その際、根回しに奔走したのが当時副総裁の武藤で、これが安倍には「デフレ脱却に消極的」との印象を植えつけたようだった。麻生は「なぜか分からんが、［総理は］武藤じゃ駄目だと言うんだよな」と、事務方にこぼしたという。

武藤ではなく、元財務官の黒田が候補になっているらしいとの情報を財務省側がつかんだのも年明けだった。しかも黒田は一時帰国し、首相官邸で安倍と会談する予定だという。

慌てた幹部らは「総理と会う前に何とか時間を作ってほしい」と黒田に面会を申し入れた。極秘の打ち合わせは、人知れず霞が関ビルディングの一室で行われた。

「総理が極端な金融政策を考えている。会ったら修正するよう言ってほしい」

幹部の一人は単刀直入に頼み込んだ。だが、黒田はこともなげに言った。

「いや、あの通りだと俺は思うが」

幹部らは言葉を失い、「実は二％のインフレ目標とその達成期限を文書に明記しろと総理に言われ、困っている」と打ち明けた。が、黒田は「いいじゃないか。俺もそう思うぞ」と返し、こう続けた。

「二年あればいい。二年と言って、実行する。そのぐらいの気合でやらないと駄目だ」

この段階で、黒田の視野には「二年、二％」のインフレ目標がすでに入っていた。

財務省側は「自分で手足を縛るのは駄目です」と反論し、「その話は総理にはしないでください。政府と日銀の「合意文書」というわけにはいかないんです」とクギを刺す。黒田は「まあ聞いとくよ」とだけ答えたという。

そして一月七日、月曜日。黒田は午前一一時二六分から一五分間、安倍と会談した。ＡＤＢ

総裁としての定期報告が目的だったが、安倍にとっては貴重な「口頭試問」の場となった。本田から黒田への意向確認も、この会談を受けて行われたものである。

追い詰められた中央銀行

この三週間ほど前に行われた衆議院議員総選挙で、安倍率いる野党自民党は「二％のインフレ目標」と「無制限の金融緩和によるデフレ脱却」を公約に掲げ、大勝した。

この「無制限」という殺し文句を安倍に授けたのが本田である。

本田は「できるだけ単純な説明がいいと思って、物価が安定するまで「無制限」にやると言ってください、と安倍さんに進言した」と話す。

その狙い通り、安倍が衆議院解散直前の講演で「二、三％のインフレ目標を設定し、無制限緩和をしていく」と発言した途端、日経平均株価は急上昇し、為替は大きく円安に振れた。

安倍は本田に電話をかけ、興奮気味にまくしたてた。

「おい本田君、効いたよ。株と為替が動いたよ。すごいね」

総選挙に勝った安倍は、二％目標の設定を日銀に要求し、一二月二三日の民放番組で「残念ながらそうでないということになれば日銀法を改正し、アコード〔政策協定〕を結んで目標を設ける。目標を決めて日銀に責任が発生する形にしたい」と発言した。

インフレ目標を掲げての政権復帰に財務省と日銀は危機感を抱いた。財務事務次官の真砂靖《まなごやすし》は、日銀副総裁の山口廣秀に電話し、政府と日銀の間で「新たな文書」を早急にまとめるべきだと持ちかける。首相と日銀の考えが一致しないまま年明けの通常国会に突入すれば、審議で立ち往生するのは目に見えている。ここは官僚主導で先に統一見解をまとめるべきであり、その方が「首相の暴走」にもブレーキをかけられる、と財務省は考えていた。

しかし、年が明けても安倍の勢いは止まらない。

一月九日に開かれた最初の経済財政諮問会議で、日銀総裁の白川を一気に追い詰めた。白川が「デフレからの脱却は金融面からのしっかりとした後押しと成長力強化に向けた取り組み。この二つが相まって初めて実現していく」と政府の果たすべき役割に言及した、まさにそのときである。議長の安倍が突然「一言お話をさせていただく」と割り込んだ。

「一〇年以上デフレがずっと続き、デフレ期待が定着している。相当なことをしていかない限りできない。つまり伝統的な手法ではないだろうと。(中略)二%という目標に向けて、これはもう大胆な金融緩和をやってください、日本銀行はひとつ責任を持ってやってください」

さらに安倍は「総裁に対して要求することは要求させていただきたい」と、改めてアコード締結を迫る。デフレ脱却に向け、日銀が全責任を負うべきだとする首相の要求に、議場は静まり返った。

日銀に戻った白川は、ほどなく総裁室に山口を呼び、言った。

「山口君、僕は辞めようかと思う」

山口は驚き、「それなら、副総裁である私も辞めざるを得ません」と押し返す。冷静沈着な白川は、そのような重大事を思い付きで口にする人間ではない。

白川は「君が辞めることはないよ」と言ったが、山口は遮るように続けた。

「いえ、辞めるなら一緒です。西村[清彦]副総裁もそういうことになるでしょう。三人辞任となれば日銀はバラバラになります。組織が持ちません。官邸との関係はガタガタになり、マーケットも大混乱します。それでもいいんですか」

正副総裁が任期途中で辞表を出せばどうなるか――。世界中が「抗議の辞任」と受け止め、発足した政権には大きな打撃となる。ただ、それで要求を撥ね返せたとしても、政治との関係は修復不能に陥り、日銀にとって取り返しのつかない事態となるかもしれない――。

白川は考え込み、それ以上言葉を返さなかった。

翌日、山口は事務次官の真砂にこの話を打ち明けることにした。事態がここまで切迫していることを政府側に伝え、〝歩み寄り〟の気運を醸成しようと考えたのだ。

真砂もまた息を呑んだ。真砂は若いころ日銀に出向し、白川の下で働いたことがある。物静かだが一徹な白川の性格を考えると、抗議の辞任に踏み切る可能性はゼロではないと直感した。話はすぐ大臣の麻生の耳に入る。麻生は白川と同じ福岡県人で、白川の父とも親交がある。麻生も「気性の激しい北九州の人間だ。やるかもしれん」と言い、考え込んだ。

安倍を全面的に支えつつも、麻生は金融政策だけでデフレから脱却できるはずがないと考える政治家の一人だった。

自民党の政務調査会長時代には、「デフレをインフレにしたなんていうインフレターゲットというのは世界で聞いたことがない」「金さえばらまけばインフレになるような話は、これは経済が余りよくわかっておられぬ方の話」と発言し、首相だったころも「かつて大幅に金利を下げたが、金融政策は余り効果は上がらなかった。財政出動がない限りはなかなか景気は回復しない。これが我々が学習したことだ」（それぞれ二〇〇二年二月一二日、〇三年二月六日、〇九年一月二三日の衆院予算委員会）と国会で答弁している。

財務相に就任したあと、麻生は「日銀総裁のメンツを潰しちゃいかん」としばしば口にし、安倍と白川双方にとって「受け入れ可能な文書」を作成するよう事務方に発破をかけた。大臣は同郷の白川を気遣っている、と周囲は感じていた。

共同声明、ぎりぎりの攻防

首相の暴走を止めるための政府・日銀の「アコード」作りは、予想以上に難航した。文書の必要性は認めつつも、日銀側にはどうしても譲れない線があった。「二%目標」と「達成時期」をできるだけ明確に書かないこと、そして「政府の役割」と「金融システムの安定」はきちんと書き込むことだ。

まずインフレ目標について、日銀はそれまで「二%以下のプラスの領域にあり、当面は一%を目指す」という方針を対外公表していた。

そもそも二%という水準は、デフレ防止のため物価目標に一定の〝のり代〟を確保すべきだという考えに基づいている。ただ、前年一月に米国の中央銀行であるFRB（連邦準備制度理事会）が二%目標を設定したため、理屈抜きで受け入れざるを得なくなった。これより低い目標を掲げると、強い円高圧力に見舞われるからだ。

このため、量的緩和を求める勢力は二%こそが国際標準だと主張し、数値目標の設定を求める圧力は民主党政権時代から強かった。

だが、日本において二％は非現実的な目標であると日銀は考えていた。バブル期五年間の消費者物価上昇率は平均一・三％。バブル崩壊以降、ＣＰＩ（消費者物価指数）上昇率が二％を超えたのは一九九一年の一度しかなく、その後は一％超えですら四回しか記録していない。

そんな世界に類のない「低インフレ国」で二％目標を掲げ、その達成時期を文書で約束するなど無責任極まりない。そのようなことをすれば際限のない量の拡大が始まり、財政赤字を中央銀行が直接埋め合わせる「財政ファイナンス」を招き、悪性インフレの発生など、将来取り返しがつかないことになる、というのが日銀側の主張だった。

仮に金融緩和を強化するのであれば、政府側も財政の健全性を保ち、成長戦略や競争力の強化に取り組むべきだと日銀側は論陣を張った。だが、経済財政諮問会議にみられるように、安倍は日銀が全責任を負うべきだと言って譲らない。

日銀側が考えた文案は、当初、次のようになっていた。

日本経済の競争力と成長力の強化に向けた幅広い主体の取組の進展に伴い持続可能な物価の安定と整合的な物価上昇率が高まっていくとの認識に立ち、日本銀行は、物価安定の目標を消費者物価の前年比上昇率で二％とする。

競争力と成長力の強化が二％達成の前提条件という意味である。だが、財務省も内閣府も「これでは官邸のＯＫが出ない」と言い、調整の結果、次のような表現に差し替えられた。

日本銀行は、今後、日本経済の競争力と成長力の強化に向けた幅広い主体の取組の進展に伴い持続可能な物価の安定と整合的な物価上昇率が高まっていくと認識している。この認識に立って、日本銀行は、物価安定の目標を消費者物価の前年比上昇率で二％とする。

同一のように見えるが、よく読むと二つの文に分かれている。句点を挟むことで、「前段はあくまでも日銀の認識に過ぎず、政府の責任ではない」と安倍に釈明できるよう修辞したのだ。日銀側担当者は「一つの文にしたかったが、政府が抵抗した。官邸はこの文言自体が気に入らなかった」と話す。ちなみに「幅広い主体」とは政府と民間を指すが、ここも官邸に配慮し、曖昧な表現になった。

一方、「金融システムの安定」は、白川が最もこだわった部分である。長期の金融緩和は債務の肥大化を招き、バブル破裂を通じて実体経済にダメージを与える。仮にそうした不安が出てきた場合は、二%達成前であっても金融緩和を修正すべきだというのが白川の指摘だった。

これを踏まえ、日銀側は「金融面での不均衡の蓄積を含めたリスク要因を点検し、経済の持続的な成長を確保する観点から、問題が生じていないかどうかを確認していく」との一文を加えるよう要求する。意外なことに、財務省も内閣府もこれには異論を唱えなかった。「政府は、金融システムの重みがよく分かっていない」と日銀側は感じた。

最後に、政府と日銀の文書を何と呼ぶかも争点になった。

安倍が「アコード」と呼ぶ政府と中央銀行の政策協定は、第二次世界大戦後の一九五一年、米国で交わされた例がある。ただ、当時はFRBの独立性を回復するのが主目的だった。これに対し、安倍が求めるアコードが日銀の独立性を制約し、金融政策への政治的な影響力拡大を狙っているのは明白である。白川は「アコードとはすなわち協定のことであり、絶対に駄目だ」と拒み続けた。

真砂の下で文書作成を任された財務省総括審議官の佐藤慎一は、あるとき麻生と向き合い、こんな話をした。

「大臣、アコードは中央銀行の独立性強化に使われた言葉で、方向が逆なんです」

佐藤は米国の例を詳しく説明し、こう提案した。

「むしろ政府と日銀が互いを尊重し、デフレ脱却に向けて協力するという意味で「共同声明」の方がいい。共同声明ならカナダや豪州にも実施した例があります」

外相経験のある麻生は「共同声明」という響きに飛びついた。

後日、官邸を訪れ、安倍を説得したときの麻生の言葉がふるっている。

「総理、アコードなんて、そんなホンダの車みたいな名前は駄目ですよ。紛らわしくて話にならない。日本語にしてください」

安倍は苦笑し、それ以上強く言わなかったという。

辞任含みの緊迫したやり取りの末、「政府の役割」と「金融システム」を書き込むことを条件に、白川が二%目標を受け入れたのは一月一〇日過ぎだった。ここはむしろ「機械的かつ無条件に二%の実現を追求しなくてもすむようにするための闘い」に移行した方が賢明だ、と白川は判断した。

ただ、二%は認めても、達成期限を明記することは絶対に駄目だと言って、白川は一歩も退かない。安倍もまた、時期を明示するよう指示したまま不動の構えでにらみ合いが続く。

そこで財務省と日銀の事務方は「できるだけ早期に実現することを目指す」という最終文案

でいくことを事前に申し合わせ、そのうえで原案には「中長期的に実現することを目指す」と書き、押せるところまで押す作戦に出る。そして、安倍が麻生を呼び「中長期的では遅すぎる」と言うのを待って、用意した最終案を提示し、ぎりぎり了解を取り付けることにした。

安倍の「一本足打法」

安倍の言う「大胆な金融緩和」とは、日銀が供給するマネタリーベース（現金と日銀当座預金の合計額）を膨張させ、緩やかなインフレを実現しようというもので、一般に「リフレ政策」と呼ばれる。リフレの概念や具体論は人によって異なるが、おおむね以下の主張に収斂する。

一、日本だけが長期のデフレに苦しんでおり、早期脱却が経済再生の必須条件である
二、インフレと同じく、デフレも「貨幣的現象」であり、金融政策によってのみ対処できる
三、日銀はこれまで量的緩和を躊躇し、その責務を怠った。今こそ「レジーム・チェンジ（体制の転換）」が必要である

この主張通り、安倍も最初は金融緩和だけでデフレから脱却できると信じていた、と多くの

関係者が証言している。麻生らの説得を受けて、政権発足時には「大胆な金融政策」「機動的な財政政策」「民間投資を喚起する成長戦略」からなる「三本の矢」を打ち出したが、「第一の矢でいける」というのが本音だった。

このため、財務省内では「総理の一本足打法」と揶揄され、ある幹部は「一本足より三本足の方が目的達成につながると縷々説明したら、仕方なくそうかと納得してくれた」と述懐する。

もっぱら外交・安全保障を専門とする安倍が、金融政策に興味を持つようになったきっかけは、二〇〇六年の量的緩和の解除と、一一年の東日本大震災だった。

前述したように、小泉純一郎政権のころ官房長官だった安倍は、当時の福井俊彦総裁による量的緩和の解除に最後まで反対した。結局、福井は反対を押し切って解除に踏み切るが、このときの体験が「政府の言うことに耳を貸さない日銀」というイメージを安倍に植えつけた。

のちの国会で、安倍は次のように回顧している。

「小泉総理もこの段階での解除は早過ぎるという判断であり、政府としての立場は何回も当時の福井総裁にお話をさせていただいたが、残念ながら(中略)そういう判断をされた。(中略)せっかくうまくいき始めた金融政策がだんだん、結果として雲散霧消していったということにつながっていったのではないか」(二〇一三年四月二日、衆院予算委員会)

「二〇〇六年に量的緩和をやめてしまって、残念ながら十分にデフレから脱却をできなかった。金融政策的な支援はなかったということに私は着目をした」(同二四日、参院予算委員会)

リフレ派とのめぐり逢い

それから五年。二〇一一年三月一一日の東日本大震災が、安倍と「リフレ派」と呼ばれるグループを結びつける。

震災発生から六日後、自民党議員の山本幸三が「今こそ二〇兆円規模の日銀国債引き受けによる救助・復興支援を!」と題するペーパーを配付して回ったのが端緒だった。

デフレ下の復興支援増税は不適切であり、今こそ日銀の国債引き受けを行うべきだという山本の主張に対し、与野党を中心に賛同の輪が広がり、やがて超党派の議員連盟を作ろうという話が持ちあがる。そのトップに担ぎ出されたのが安倍だった。

五月一七日、山本は初めて安倍の事務所を訪ね、デフレ脱却には日銀法の再改正と国債引き受けが必要だと訴え、議連会長への就任を要請した。

安倍は「日銀が早く引き締めるのは問題だ」などと応じ、福井総裁時代の量的緩和解除を批判した。話を聞きながら、安倍が経済分野についてかなり勉強していることに山本は驚き、再起を促すべくこう進言した。

「安倍さん、次は経済で行かなきゃ駄目ですよ」

それまで憲法や外交安保を専門分野とし、経済には疎いと言われてきた安倍だが、山本の進言に「そうだな」と相槌を打ち、会長就任を受諾した。

のちに安倍は「この問題を専門家としてずっとやってきたわけではないので、会長をやるつもりはなかった。しかし、民主党政権がデフレ容認、金融政策軽視の傾向が強いので、それだったら私もいっちょうやってやろうかということになった」(二〇一二年一一月二九日、『現代ビジネス』ウェブサイト対談)と話している。

六月一六日、安倍を会長とする「増税によらない復興財源を求める会」の初会合が国会内で開かれた。

菅直人内閣が検討する復興増税に反対し、代替財源として「政府と日銀の間で政策協定〔アコード〕を締結し、政府が発行する震災国債を日銀が原則全額買い切りオペ〔公開市場操作〕する」ことが決議文に盛り込まれ、与野党七党派の国会議員二一一人が署名した。

そして六月三〇日、この会の勉強会が開かれ、講師に米イェール大学名誉教授の浜田宏一が招かれる。リフレ政策を支持する浜田は増税を批判し、「金融緩和で歳入を増やし、増税をなるべく少なくするのが経済学の定石」と説いた。さらに次の勉強会には「リフレ派」グループの中心にいた学習院大学教授の岩田規久男が招かれ、ここで初めて安倍と出会った。

岩田はバブル崩壊後の一九九二年に日銀と激しい論争を繰り広げた経済学者である。インフレもデフレも「貨幣的現象」であると言い、伝統的な短期金利の操作ではなく、マネタリーベースを管理する「量的金融政策」に転換すべきだ、と『週刊 東洋経済』(一九九二年九月一二日号)に寄稿した。

すると、日銀調査統計局の翁邦雄が、岩田の主張は非現実的であり、現行の金利操作による政策運営の方が自然だという反論を寄稿する。岩田はこれに再反論し、論争はしばらく続いた。この「岩田・翁論争」が、その後延々と続く金融政策論争の源流となった。

このとき岩田の論文に影響を受け、リフレ論者となったのが、翌年の衆議院選挙で初当選した山本である。また、内閣官房参与の本田も大蔵省の経済理論研修で岩田の指導を受けたことが、リフレに傾倒するきっかけとなった。

一方、安倍も勉強会での出会いを機に、岩田からさまざまな資料を入手し、岩田の著書で金融政策を学ぶようになる。岩田を核とするリフレの輪がこうして広がっていく。

大御所の画策

もう一人、安倍に影響を及ぼした人物がいる。元日銀審議委員の中原伸之だ。

中原は米ハーバード大学大学院で経済学の修士課程を修了し、東亜燃料工業（現ＥＮＥＯＳ）の社長を務めたあと、新日銀法の下で初代審議委員に選ばれた。インフレ目標や量的緩和の導入を唱え続けたリフレ派の大御所的存在であり、安倍家とは晋三の父・晋太郎の代から付き合ってきた。

そんな中原に安倍が電話をかけてきたのは、白川が追い詰められた二〇一三年一月の経済財政諮問会議の直前のことだ。中原の日記にこう記されている。

一月九日。首相からの電話。一三時八分頃。氏曰く、一五日一二時から一三時半、官邸五階に来て下さい。メンバーは中原、岩田、浜田、本田の四氏。安倍、麻生、甘利三大臣にいろいろ金融政策を説明するのが主眼。この件を岩田さんに連絡。

このころ安倍は、「アコード」をめぐる財務省・日銀連合の巻き返しに内心苛立っていた。そこでリフレ派による「有識者会議」を招集し、もう一度ねじを巻こうと考えたのだ。

有識者会議を翌日に控えた一月一四日。未明からの大雪で八センチメートルの積雪を記録するなか、中原、岩田、浜田と本田が六本木の国際文化会館に集まった。中原の日記にはこうある。

成人式大雪の日として記録されるであろう。(中略)国際文化会館。議題に物価上昇率二%を目標値として明記する。期限は二、三年が望ましい。共同文書を出す必要があるか否か。浜田、岩田両氏は簡単なペーパーを用意してきており、明日の会議に提出することの可否を尋ねられ、答えはもちろん「可」である。

打ち合わせの結果、四人は有識者会議で「物価上昇率二%明記」「期限は二、三年」とすることを共同提案することで一致した。

だが、同じころ、リフレ派の密計をキャッチした財務省も動いていた。

中原らと同じ一四日、赤坂の日銀氷川寮で白川と麻生、それに経済再生担当相の甘利明による非公式の会合を開き、共同声明の文言を一足早く固めてしまったのだ。

達成時期について「できるだけ早期に実現」と書かれた最終文案は、翌一五日午前一〇時過ぎ、麻生と甘利から安倍に手渡された。そして、このあと正午から「金融有識者会議」が始まった。

官邸に招かれたのは、リフレ派の四人に加え、東京大学教授の伊藤元重、みずほ総合研究所の高田創《たかたはじめ》、慶應義塾大学教授の竹森俊平の合計七人。

会議では浜田が「ようやく自分の説が聞いてもらえるようになった」と相好を崩し、中原が「日銀は唯我独尊であり、何が起きても責任を取らない。教育委員会に似ている」と古巣を批判すると、同席していた官房長官の菅義偉《すがよしひで》が喜んで笑ったという。

このあと「二%の物価目標は日銀の単独の責任において達成する」などとする独自の共同声明案が中原から安倍や麻生らに手渡された。会議について、中原は日記にこう綴っている。

一二時から一五時。官邸五階の会議室で金融有識者会議。(中略)余の提案書を配付し、物価目標を決定し、責任を持って二%を達成するのは日銀のみの責任であることを明確にせよと迫った。安倍氏は黙って提案書を読んでいる。麻生氏は終始難しい顔をして、しきりにノートを取っている。甘利さんはノートを取らない。余の提案に対し、麻生、甘利両氏よりコメントなし。日銀の歴史で最も重要なモーメントの一つであった。

実は会議が始まる前、中原は安倍に呼ばれ、総理執務室に入っている。そこで中原は共同声明案を見せ、首相と日銀総裁が署名すべきだと進言した。しかし、最終案の報告をすでに受けてしまった安倍は、「自分は署名人にはならない」「物価目標は中期にするが、数字は出せない」「共同声明を経済財政諮問会議にかけるのは難しい」などと返したという。

首相の意向を聞いた中原は、会議の途中、本田に目で合図し、ともに隣室に移動した。そこで文案から「安倍晋三」の署名を削除し、署名欄を空白にした文書を二部コピーし、戻って出し直すことにした。

だが、リフレ派の巻き返しは結局、不発に終わる。

この三日後に白川と麻生、甘利の三人が都内のホテルで正式会合を開き、最終案で合意したのである。安倍の「有識者会議」招集を察知し、これを挟んで三者会談を二回セットし、原案を覆せないよう動いた財務省の作戦勝ちだった。

実際、有識者会議の直前、安倍は中原に対し、今後の巻き返しをこう誓ったという。

「対日銀は、長期戦でやります」

共同声明、苦渋の受諾

二〇一三年一月二二日、火曜日。朝から都心を濡らした雨は、昼過ぎに上がった。注目の金融政策決定会合で、日銀は二％物価目標の設定、政府との共同声明、さらに基金による資産買い入れを無制限（期限を定めない方式）で行う方針を決めた。委員九人のうち七人が賛成したが、エコノミスト出身の木内登英《きうちたかひで》と佐藤健裕が反対票を投じた。

一方、会議に出席した経済再生担当相の甘利は「共同声明は強い意志、明確なコミットメントを示す「レジーム・チェンジ」とも言うべきもの」と高く評価した。

「デフレ脱却と持続的な経済成長の実現のための政府・日本銀行の政策連携について」と題する歴史的な共同声明は、次の四本柱からなる。

一、日銀は物価安定の目標を消費者物価の前年比上昇率で二％とする
二、日銀は金融緩和を推進し、できるだけ早期に実現することを目指す
三、政府は成長力強化と持続可能な財政構造の確立に取り組む
四、経済財政諮問会議は取り組み状況を定期的に検証する

二％目標は明記されたが、達成期限は記されなかった。また、金融緩和の推進にあたり「金融面での不均衡の蓄積を含めたリスク要因を点検し（中略）問題が生じていないかどうかを確認していく」ことも書き込まれた。バブルなど金融不均衡の恐れがある場合は、緩和の打ち切りも辞さないという日銀側の決意が込められている。

安倍の目論み通りだったとも、白川が徳俵で踏みとどまったともいえる微妙な書きぶりだった。ただ、これにより金融政策の主導権が首相の手に渡ったことは誰の目にも明らかだった。

悩みに悩んだ末、白川が共同声明を受け入れたのは、「総選挙で出た民意を無視することはできない」と了知したからである。

このころ白川が、ある審議委員に「国民の意思は無視できない」と漏らしたことがある。審議委員は「選挙の勝ち負けで民意など測りようがない」と指摘したが、白川は「積極的な金融緩和と物価目標が争点となり、それを明示的に掲げた自民党が大勝した。自分としては不本意だが、この事実は重く受け止めざるを得ない」と話したという。

選挙の洗礼を受けない中央銀行のテクノクラート（官僚）が、国民生活を左右する政策を決定することの「正統性」がいま問われている。その中で、選挙結果を一〇〇％無視することはあり得ない、というのが白川の結論だった。

もしアベノミクスを支持する民意に抗い、新政権と決定的に対立すれば、日銀法改悪を招く恐れもある。「言うことを聞かないなら、法律を変えてでもという相当強い雰囲気」を白川らは交渉を通じてひしひしと感じていた。

のちに白川は当時の心境をこう綴っている。

もちろん多くの国民は選挙において金融政策の細かな論点を吟味したうえで、「大胆な」金融政策を一〇〇%支持したわけではないと思う。しかし、大胆な金融政策にノーを突き付けなかったことも事実であった。（中略）多くの国民や企業経営者、有識者がそうした気分に傾いたことは非常に残念だったが、そうした現実が存在していること自体は事実として受け入れざるを得なかった。（中略）

私が取った選択は、いつの日か嵐も吹きやみ、「量の拡大」や「期待に働きかける」といった政策では問題は解決しないのを社会が理解することに希望をつないだ中間的な戦略であった。

（『週刊 東洋経済』二〇二三年一月二一日号）

二月五日夕、白川は首相官邸を訪れ、四月八日の任期満了を待たず、副総裁の任期が切れる三月一九日に繰り上げて辞職する、と安倍に伝えた。

総裁人事に絡む五年前の混乱で正副総裁の任期にずれが生じたため、後任の新体制がそろって円滑にスタートできるようにしたと白川は記者団に説明した。しかし、日銀内では「抗議の辞職」と受け止め、胸が熱くなった職員も少なくなかった。

一三〇年に及ぶ日銀の歴史で、白川ほど厳しい環境に置かれた総裁はいないだろう。就任直後からリーマンショック、東日本大震災、欧州債務危機が次々と起き、そのつど激しい円高に見舞われた。日銀きっての理論家である白川は、ゼロ金利下で量的緩和を拡張しても実体経済への効果はほとんどなく、過剰な金融緩和はバブルなど「金融不均衡」を招く恐れがあると考え、一歩一歩慎重に追加緩和を進めたが、この手法が「デフレ克服に後ろ向きな日銀」との世評を呼んだ。そして、難局打開を求める「時代の空気」を見抜き、巧みにリフレの旗を掲げたのが安倍だった。

任期を終えた日銀総裁には、時の首相が慰労の会を設けるのが恒例となってきた。だが、安倍が白川に声をかけることはなく、代わって労いの席を用意したのは麻生だった。

戦争せずにデフレ脱却を

共同声明の出来栄えに、安倍は内心不満だった。財務省と日銀の巻き返しに遭い、政府と日銀の双方がデフレ脱却に責任を負ったとも読める「玉虫色」の文章になったからだ。

声明の発表から三時間後に開かれた二回目の経済財政諮問会議で、委員から二％目標の達成時期を尋ねられた安倍は、次のように答えている。

「政府としては中期をできるだけ短くしていただけるだろうと期待している（中略）。共同文書には日銀と政府が取り組むことを書いているが、基本的に二％のターゲットを達成することにおいては、日銀が責任を持ってやっていただくということであります」

さらに白川が辞意を伝えた二日後の衆議院予算委員会でも、安倍は「日本銀行が日本銀行の責任としてできるだけ早い時期に二％を実現するということをお約束していただいた、こう私は理解をしております」と、自説である「日銀責任論」を何度も繰り返した。

この日の委員会で、安倍はほかにも興味深い答弁をしている。まず「デフレは貨幣現象」であり、「金融政策においてそれは変えていくことができる」と言い切ったこと。もう一つは、米国が一九三〇年代の大恐慌から最終的に脱出できたのは戦争をしたからであり、戦争に頼らずデフレを脱却する「世界史的にも先例のないデフレ脱却に取り組まなければならない」という論を展開したことだ。

前者はリフレ派と同じ主張だが、後者の「戦争に頼らずにデフレ脱却する」という考えは、本田が安倍に振り付けたものである。

本田は「戦争をすれば必ずインフレになるからデフレ脱却できる。しかし、戦争をせずに平和的にデフレを止められたら世界に訴えられるモデルになる。世界で安倍さんしかやってないんですよと言った。安倍さんは非常に満足そうな顔をしていました」と振り返る。

本田と安倍の付き合いは長く、一九七八年の知人の結婚式に偶然同席したのが最初だったという。その後、本田はモスクワ大使館に勤務するが、安倍晋太郎外相の秘書官として同行した晋三とモスクワで再会し、さらに交流が深まった。

その後、ニューヨークやロンドンで勤務したあと、二〇一一年の帰国後に再会した時、安倍はすでに屈強なリフレ論者になっていた。「海外での勉強の成果を安倍さんにぶつけたが、その時点でかなり勉強されていた。山本先生や岩田さんに教わったのだと思う」と本田は話している。

岩田か、それとも黒田か

玉虫色の共同声明に白黒つけるには、自分の考えを実行できる人物を次の日銀総裁に据えるしかない。安倍はそう決めていた。

一九九八年施行の新日銀法は、「総裁及び副総裁は、両議院の同意を得て、内閣が任命する」(第二三条)と定めている。

戦後の日銀総裁はこの時点で一三人いたが、三菱銀行出身の宇佐美洵《うさみまこと》(第二一代)を除き、すべて大蔵省の事務次官経験者と日銀生え抜きで占められてきた。国の金融を差配する最重要ポストだけに、〝専門家〟を自認する大蔵省と日銀が候補者を絞り込み、それを首相が追認するのが「統治の作法」とされてきた。

だが、選挙制度改革により本格的な政権交代が実現したことで、そうした作法は邪魔な存在となり、やがて政治家の間に「選挙に勝った党の政策を実行できる人物を総裁に選ぶのは当然」という考えが浸透していく。それでも日銀法改正当時、総裁人事がここまで「政治化」するとは、条文を作成した財務省も日銀もまったく想定していなかった。

白川の後継者について、安倍は「大胆な金融政策を実行できる人」と繰り返していたが、本田によれば、早くから黒田と岩田の二人を「甲乙つけがたい有力候補」と考えていたという。

ただ、どちらかと言えばリフレ論を授けてくれた岩田の恩義に報いたいという気持ちの方が強かった。安倍の相談相手であるイェール大学の浜田も、岩田を一番手に推していた。

これを察知した財務省は、極端なリフレ政策の導入を阻止するため、「岩田潰し」に躍起となる。事務方は「学者は駄目だと言ってもらえないか」と麻生に直接頼み込んだ。それ以来、麻生も問われるたびに「学者みたいに組織を動かしたことのない人にやらせるのもどうか」と繰り返すようになる。

黒田か、それとも岩田か――。決め手となったのは、「語学力」と「本人の意欲」だった。

安倍が総選挙で無制限の金融緩和を唱えたころから、円相場は急ピッチで下落し、これにつれて株価は急上昇していた。円ドル相場は衆議院解散時の一ドル＝八一円前後から一月下旬には九〇円台へと一気に円安に振れていた。

これに対し、欧州やアジアの各国から「日本は円安誘導をしているのではないか」との疑念が向けられる。一月二四日にスイスで開かれた世界経済フォーラム年次総会（ダボス会議）で、ドイツのメルケル首相は「為替操作は敏感な問題になりつつあり、完全に懸念がないとは言えない」と演説した。

同様の懸念は、ドイツや英国の中央銀行総裁からも出され、ダボスに行った経済再生担当相の甘利は「二％目標は国際標準。為替は市場が決めている」と弁明に追われた。

為替レートが安くなれば、国内産業の国際競争力が増し、輸出増と輸入減をもたらす。一方で貿易相手国には逆の効果をもたらすため、意図的な通貨安への誘導は国際社会で御法度とされている。一九三〇年代の行き過ぎた通貨安競争とブロック経済化が第二次世界大戦の遠因になったとの反省によるものだ。

日本に向けられた批判は、結局、二月半ばのG20（二〇カ国財務大臣・中央銀行総裁会議）を前に、米国の財務次官が「成長を取り戻しデフレからの脱却を目指す日本の努力を米国は支持する」と発言し、G20共同声明にも「為替レートを競争力強化の目的に使わない」と盛り込むことで何とか収束した。

だが、ダボス会議の報告を受けた安倍は、こう判断する。

「やっぱり英語で堂々と反論できる人でないと日銀総裁は駄目だ。英語ができないやつは候補から外そう」

本田の記憶によると、安倍は「二月六日か七日」に黒田に電話をかけ、この時点で「当確ランプ」が灯った。

これを踏まえ、安倍は二月八日の衆議院予算委員会で新総裁の条件として「国際社会への発信力」を付け加え、黒田起用を示唆する。

「国際金融マフィアというか、このサークルの中のインナーとなり得る能力も重要であろう、(中略)大胆な金融緩和を進めればいわれのない批判も受ける場合もありますが、そのときにちゃんと説明していただく能力は大変大切だろうと思います。しかし、その際、どこの役所だからということは、余りそれは私はこだわるつもりはありません」(二〇一三年二月八日、衆院予算委員会)

一方、「やる気の違い」も下調べの段階からはっきりとしていた。

実は、一月に黒田の意向を確認する前、本田は岩田にも電話をかけている。

「日銀総裁をやる気はありますか」との問いかけに岩田は驚き、総裁の職務などについていくつか質問をしたあと、こう返したという。

「どちらかと言えば私は副総裁の方がいい。理論面で新総裁を支えたい」

本田の記憶では、岩田が総裁を希望しなかった理由は総裁職の多忙さと英語力にあったという。経済学者である岩田も英語はできるが、国際会議の場で丁々発止とやりあうのは荷が重いと感じていたようだった。ディベート力という点では、黒田に一日の長がある。

ただ、黒田をめぐっては、後継のＡＤＢ総裁を中国に取られるのではないかという懸念があった。安倍は当初この点を気にしたが、本田が黒田に尋ねたところ、「中国はＡＤＢからの最大の借入国であり、総裁を取りに来ることはない」との答えが返ってきたという。

二月二一日、木曜日。安倍はマニラの黒田に電話をかけ、総裁就任を正式に要請する。黒田は二つ返事で受諾した。黒田はのちに日本経済新聞に寄稿し、「デフレが一五年間も続いていた。（中略）困難であろうが、だれかがデフレを止めねばならない。この指名は私にとっての天命と思った」（二〇二三年一一月一日、日本経済新聞「私の履歴書」）と書いている。

一方、安倍は黒田を選んだ理由について、首相退任後の回顧録でこう述べている。

私が野党の総裁として金融緩和を掲げ、マスコミや経済学者からさんざん批判されていた時に、黒田さんは、私の政策を評価していたのです。（中略）その度胸があれば、そして私と政策が一致できれば、と考えました。しかも、財務省出身ではないですか。だから、財務省も受け入れざるを得ないと思いました。

（安倍晋三『安倍晋三回顧録』中央公論新社、二〇二三年）

テクノクラート人事の政治化

高い専門性と政治的中立性が求められる日銀総裁の人事に、これほど明確に首相の「政策思想」と「好み」が反映された例はかつてない。黒田の選任は、米国と同じく、日本のテクノクラートに「政治任用(political appointment)」が広がっていく転機ともなった。

武藤を推してきた財務省にとって、黒田の指名は必ずしも手放しで喜べる人事ではなかった。事務次官の最高の天下り先だった日銀総裁に、財務官経験者が就いた例は過去一度もない。ある幹部は「共同声明でこつこつと積み上げたものを、総裁人事で全部ひっくり返された」と天を仰いだ。(武藤はのちに東京オリンピック・パラリンピック競技大会組織委員会事務総長に就任した)

実は岩田と並ぶもう一人の副総裁についても、水面下で熾烈な駆け引きがあった。白川は当初、副総裁の山口を再任してほしいと財務省に懇請していた。新しい総裁が無謀なリフレ政策に走った場合、「身を挺して阻止する」ことを山口に期待したのだ。白川の唯一の願いを麻生は受け入れ、安倍も「まあ仕方ない。一人ぐらい言うことを聞くか」と周囲に漏らしていたという。

ところが、これを知った本田が山口再任に待ったをかける。

「全く新しい金融政策をやるのだから、全員替えてください。一人でも残党がいたら駄目です」

安倍が「誰かいい人がいるのか」と聞くと、本田は迷わず、「理事の中曽君です。外国人の評価がすごくいい」と言った。

中曽宏は本田と社会人同期で、一九九〇年代前半に官民合同のソ連・東欧訪問ミッションに一緒に参加したことがある。本田も指摘したように、その海外人脈と数々の金融危機を乗り切った実務能力は折り紙付きだが、それ以上に白川総裁時代の緩和路線を支えた企画局のラインでなかったことが大きかった。

本田の推挙を受けて安倍は二月二一日、中曽に副総裁就任を要請した。白川らがこの動きを知ったのは当日の朝で、もはや巻き返しは不可能だった。

麻生はのちに「総理は本当は岩田を総裁にしたかったが、黒田で我慢した。武藤総裁を願った財務省は黒田で我慢し、山口再任を望んだ日銀は中曽で我慢した。つまり三方一両損だ」と周囲に解説してみせたという。

指折りの〝日銀バッシャー〟

第三一代総裁に内定した黒田は、一九六七年に東京大学法学部から大蔵省に入り、二年目に英オックスフォード大学に留学、経済学の修士課程を修了した。

帰国後はもっぱら主税局と国際金融局を歩み、九九年から三年半、財務官として為替政策を指揮した。退官後は小泉政権で内閣官房参与を務めたが、当時官房副長官だった安倍の部屋にもしばしば通い、国際情勢をレクチャーしていた、と当時の首相側近は語る。

学生のころからオーストリアの哲学者カール・ポパーに傾倒し、法哲学から歴史、数学に至るまで専門書を片っ端から読破した。根っからの陽性で、話し出したら止まらない。一方で群れることを嫌い、自らの経済理論に絶対の自信を持っていた、と後輩たちは評する。

黒田はまた、省内屈指の〝日銀バッシャー〟として知られていた。

財務官に就任するや、円高阻止のため為替介入の資金を金融市場から吸収しないよう日銀に要求する「非不胎化論争」を引き起こし、注目を集めた。

円売り・ドル買い介入が実施されると、日銀は市場に撒布した円資金を吸収する(不胎化)。あえて放置することで為替介入の効果を高めようというのが黒田の狙いだったが、日銀側は「まったく意味がない」と相手にせず、受け入れようとしなかった。

二〇〇〇年八月の「ゼロ金利解除」の際にも、黒田は時期尚早だとして反対の論陣を張り、新日銀法に基づく「議決延期請求権」を発動すべきだと省内で主張した。史上初の議決延期請求は、結局、金融政策決定会合で反対多数により否決されるが、黒田は発動に踏み切った大臣官房幹部を「よくやった」と称賛したという。

そして〇二年には、伊藤隆敏一橋大学教授の影響を受けて、インフレ目標の設定と長期国債などの大量購入を日銀に求める論文を英紙『フィナンシャル・タイムズ』に寄稿する。当時部下だった財務官僚は、黒田が口癖のように言っていた言葉を今も鮮明に覚えている。

「日銀は本当にだらしない。できることがたくさんあるのに、それはわれわれの役割ではないとか言って、すぐ逃げる」

日銀に対する不満は、黒田が〇七年五月に応じた財務省のオーラル・ヒストリーインタビューにもはっきりと記録されている。

日銀の方には随分いろいろ申し上げました。要するにデフレ、インフレは基本的に金融政策の問題なので、日銀が責任を持ってやってくれない限りデフレはおさまりませんよと。為替が円高になって困るからと、うちが[為替]介入するのはいいのだけれども、介入だけでコントロールできないことはもう分かっているでしょう。だから、金融政策が相当やってくれないとだめですねということは厳しく日銀には申し上げました。（中略）そこを何とかしてくれということで、さんざんインフレターゲットのような議論をいたしました。

黒田には、日銀にはない独特の「中央銀行観」があった。デフレの原因が何であれ、それを克服する責任は中央銀行にあるという考えである。

オーラル・ヒストリーで、黒田はこうも話している。

一定のインフレもデフレもないような状況にするという責任と義務がやはり中央銀行にあると私は思っていますので、その原因が、これは安い中国産品が流れ込んでくるからデフレだとか、いや、これはバブルが崩壊してこうなってああなったからこうだとか、石油価格が下がったからだとか、そういうことを幾ら並べられても、それはそうでしょうけれども、あなたの責任は免責されません、ちゃんとデフレをとめるのがあなたの責任で、義務でしょうというのが私のロジックです。だから、日銀の人には非常に嫌われているのではないかと思います。

本田邸での祝勝会

二月下旬に総裁内定が公表されたあと、黒田は財務事務次官の真砂と総括審議官の佐藤を夕食に誘い、共同声明とりまとめの労をねぎらった。

この席で佐藤は「共同声明を踏まえてやってほしい」と改めて念押しした。黒田は「二人には本当に世話になった」と感謝しながらも、「俺と総理は同じ考えだ。総理は正しい」と繰り返したという。

一方、ある日銀幹部は、黒田への事前説明の際、思い切ってこんな質問をぶつけてみた。「万一、二%を達成できない場合のことも想定しておく必要があるのではないでしょうか」

だが、黒田は遮るように「いや、必ず達成できるから」と返したという。金融政策を担ってきたこの幹部は、「ああ、この人は本当に達成できると信じているんだと思った」と振り返っている。

実際、黒田は三月四日の衆議院議院運営委員会での所信聴取で、「二%の早期実現は可能であり、それが日銀の使命である」「二年くらいのタイムスパンを念頭に置いて大胆な金融緩和をしていく」「強いコミットメント［責任ある約束］を示すことでデフレ期待を打破し、物価上昇の期待をつくる」と宣言し、就任後の国会でも明確に約束した。

「二％の物価安定目標をできるだけ早期に実現するのは、私どもとして最大の責務であると思っておりますので、二年を念頭に置いて、必ず日本銀行の責任において達成してまいりたい」（二〇一三年三月二六日、衆院財務金融委員会）

黒田はリフレ論者ではなく、岩田を中心とする「リフレ派」のメンバーでもない。ただ、大蔵省時代から一貫して日銀を論難し、思い切った金融緩和を求める「ハト派」路線を貫いてきた。結果的に安倍らリフレ派と同じ方向を目指したことから、「レジーム・チェンジ」のシンボルに担ぎ出された。

二月末から三月にかけて、東京・港区にある本田の自宅マンションで〝祝勝パーティ〟が複数回開かれたことは、あまり知られていない。

招待されたのは黒田、岩田、中曽、浜田ら。全員が一堂に会したわけではないが、このホームパーティで黒田は本田と「祝杯」を交わし、中曽は岩田と初めて会った。本田によれば、「結団式をやろうということで呼んだ。みんな仲間だ、しっかりやろうというそういう積極的な感じの会だった」と話している。

“異端児”の逆襲

日銀への不信感という点では、黒田よりも岩田の方がはるかに強かった。

一九九二年のマネーサプライ論争のあと、岩田は日銀から「異端児扱い」を受けた。日銀職員を対象とする経済理論研修の講師からも理由なく外され、意図的に遠ざけられた。

まだインターネットのなかったこの時代、金融に関する主要なデータは日銀がほぼ独占し、求めに応じて外部に提供していた。日銀に歯向かうと生のデータが得られないとして、恭順の意を示す学者は少なくなく、舌鋒鋭く日銀を難じた岩田はアカデミズムの世界でも孤高の存在となっていく。

だが、九〇年代末にデフレが発生し、岩田を取り巻く環境は一変した。決定的だったのは、九八年に発表された「クルーグマン論文」である。

のちにノーベル経済学賞を受賞する米マサチューセッツ工科大学教授のポール・クルーグマンは、デフレ克服のため日銀は「無責任であることを確信させる約束(credibly promise to be irresponsible)」をすべきだと提唱した。具体的には「四%のインフレ目標を一五年間続けるのはどうか」と例示し、同時に「この目標をそのまままじめに受け取らないでほしい。むしろ真剣な研究を刺激するためのものとして考えてほしい」と書いた。

このクルーグマン一流のトゲのある言い回しは、日銀にはまじめな政策提言として響かなかった。当時企画局にいた幹部は「具体的なやり方や効果について書かれていないし、検証もされていない。毒にも薬にもならないと思った」と振り返る。

ただ、この論文を機にインフレ目標や量的緩和を求める声が国内で噴出した。それまで異端とされた岩田の主張が再び注目されるようになり、マネタリーベースの増加によって景気回復を図るべきだと考える学者やエコノミストが岩田の周囲に集うようになる。

二〇〇二年、岩田は「昭和恐慌研究会」を立ち上げ、昭和初期のデフレの研究に着手した。会には早稲田大学の若田部昌澄、財務省の高橋洋一、大和総研の原田泰《はらだゆたか》ら、のちに「リフレ派」の主力となる面々が集結した。

仲間を得て、リフレ派の「教祖」となった岩田は、新聞や雑誌にも精力的に寄稿する。

「ゼロ金利解除は誤りだ」(『中央公論』二〇〇〇年一〇月号)
「インフレ目標設定し、さらなる量的緩和を」(『週刊 ダイヤモンド』二〇〇一年九月一五日号)
「デフレ脱却に向け政策レジームの大転換を図れ」(同右 二〇〇三年九月八日号)
「インフレ目標の設定で為替は円安に逆転する」(『週刊 東洋経済』二〇〇四年二月一四日号)

そして〇八年のリーマンショック後に円高デフレが深刻化すると、『日本銀行は信用できるか』（講談社現代新書、二〇〇九年）、『日本銀行デフレの番人』（日本経済新聞出版、二〇一二年）と題する日銀批判本を次々と出版し、最後は「日銀・白川総裁を解任せよ」（『Ｖｏｉｃｅ』二〇一二年七月号）とまで書いた。

〝異端児〟の逆襲により、日銀は土俵際まで追い詰められたのである。

日銀法に「独立性」はあるか

二〇一三年一月三一日、岩田は自民党の「デフレ・円高解消を確実にする会」の初会合に招かれた。自民党の山本が、日銀法改正を目指す新たな議員連盟として立ち上げたものだ。

講師として登壇した岩田は、「デフレ・円高を解消するために」と題するペーパーをここで配付した。「確認しておくべきこと」として、次のような主張が並んでいた。

一、金融政策だけでデフレと円高は解消できる。成長戦略や構造改革などは関係ない

二、財務省の円売り介入がなくても、円高は解消できる

三、日銀が外債を購入しなくても、デフレ・円高は解消できる
四、日銀は札割れを回避するとともに、長期予想に働きかけるために、残存期間が五年以上の長期国債を購入すべき
五、デフレ・円高解消は、予想インフレ率の上昇と予想実質金利の低下によって誘発される円安・株高から始まる（後略）

岩田が考えるリフレ政策の波及効果は、①二％目標のコミットメント（約束）とマネタリーベースの増加が、予想インフレ率の上昇と予想実質金利の低下をもたらし、②それが「資産価格の上昇」「設備・住宅投資の増加」「円高修正による輸出増」につながり、賃金と物価を押し上げていくというストーリーだ。

会合で岩田は、「金融政策だけでデフレと円高は解消できる」と断言し、物価目標を達成できない場合、日銀に公開文書での説明を義務付けるべきだとする日銀法の改正私案を出席した議員らに配付した。

一度もぶれずに量的緩和を訴え続けた結果、岩田はリフレ派のイデオローグとなった。ただ、興味深いのは、この間、岩田が自ら政治に近づいた形跡はなく、むしろ政治家の方が岩田理論

に吸い寄せられていったことだ。その結果、日銀を厳しく批判した学者が、その組織の重職に政治任用され、金融政策に関与するという前代未聞の事態を生み出した。

三月五日の衆議院の所信聴取で、岩田は「人々の間に定着したデフレ予想をインフレ予想に転換させる」「遅くとも二年では達成できるのではないか」と答弁し、二年で二％を達成できなかった場合を問われると、自信満々にこう返した。

「達成できないというのは、責任が自分たちにあるというふうに思いますので、（中略）やはり最高の責任のとり方は、辞職するということだと認識しております」

質問した野党議員に「職をかけるということでよろしいですね」と念を押されたが、「それで結構でございます」と答えた。

岩田は就任時の記者会見でも「達成できなかった時に、「自分達のせいではない。他の要因によるものだ」とあまり言い訳をしない。そうでないと市場が金融政策を信用しない。市場が信用しない状況で金利を下げたり、量的緩和をしても、あまり効き目がない」と言い切った。リフレ派の中心として、岩田は自信に満ち溢れていた。

黒田、岩田、中曽の正副総裁人事案は、三月一四日に衆議院、一五日の参議院本会議でそれぞれ与党などの賛成多数で同意され、三月一九日、閣議決定された。

これに合わせ、白川の退任記者会見が同日午後、日銀本店で開かれた。

正副総裁が同じ日にスタートできるよう、任期満了を待たずに退いた白川は、「悔いるところはない」と言いつつ、こんなコメントを残した。

「中央銀行が言葉によって市場を思い通りに動かすという市場観、政策観に私は危うさを感じます」

「期待への働きかけ」を目指す新体制の政策思想に向けられた、最大限の警告だった。

一方、副総裁の山口は、職員向けのお別れの会で、こんな無念の思いを口にした。

「われわれが正しいと信ずることをやり抜くことと、それを国民に十分理解してもらうこと、この二つを併せ実現することの難しさを痛感している。国民の信頼をどう取り戻していくかは今の日銀の最大の課題だが、この課題を前に、私が内心忸怩たる思いであることは言うまでもありません」

そして日銀を去ろうとしたその日、山口は黒田に呼び止められ、こんな質問を受ける。

「日銀はどうしてそんなに独立、独立と言うのか」

確かに、日銀法に「独立性」という言葉はなく、「自主性は、尊重されなければならない」（第三条）と書かれている。内閣法制局が「独立という表現は不適当」と指摘したからだが、当時の銀行局長は国会で「独立性と自主性はおおむね同じ意味」と答弁している。

それでも黒田は、「日銀法に独立という言葉はない。あるのは「自主性」だ」と言い、「憲法との関係から言って独立なんてあり得ない。むしろ政府と連携していくことが重要じゃないか」と力説した。

独立性を真っ向から否定する新総裁の一言に、山口はしばし絶句したという。

第二章

「衝撃と畏怖」作戦

左から岩田規久男日銀副総裁，黒田東彦総裁，中曽宏副総裁（2013年3月21日，日銀本店，©毎日新聞社）

2013年	10月	伊豆大島で土砂災害，死者・不明者39人
14年	7月	解釈改憲により集団的自衛権容認
	9月	御嶽山が噴火，戦後最悪の火山災害
15年	9月	安全保障関連法が成立
	10月	TPP協定交渉が大筋合意

新総裁のファイティングポーズ

二〇一三年三月二一日、木曜日。前夜からの雨も上がり、抜けるような青空が広がった。首相官邸で安倍晋三から辞令を受け、第三一代日本銀行総裁に就任した黒田東彦は、国会議員ら要路への挨拶をすませたあと、午後五時から職員向けの就任挨拶に臨んだ。本店九階の大会議室に集まった五〇〇人近い職員を前に、黒田はこう切り出した。

「いま、日本銀行は岐路に立たされています」

「岐路」という厳しい言葉に、何人かの幹部はハッとさせられ、身構えたのを覚えている。黒田は穏やかな、しかしはっきりとした口調で話を続けた。

「日本銀行法には「物価の安定を図ることを通じて国民経済の健全な発展に資することをもって、その理念とする」と書かれている。しかし……」

黒田は一拍置いて、「中央銀行の主たる使命が物価の安定であるとすれば、日本銀行は現行日銀法が一九九八年に施行されて以来、その主たる使命を果たしてこなかったことになる。もとより、物価動向に影響を与える要因は国内外に多々あるが、そうした影響に対抗して物価の安定を実現するのが中央銀行としての日本銀行の責務である。しかし、一次産品の価格が高騰した二〇〇八年を除き、この一五年間、デフレが続いている。一五年もデフレが続いている国は世界にひとつもありません」と言った。会場は静まり返る。

さらに、「幸い、白川前総裁の下で二%の物価安定目標が定められ、できるだけ早期に実現することを目指すことが決まった」という表現で前体制の〝功績〟に触れ、「日本銀行がその使命を果たせるよう、職員の一層の努力をお願いする」と締めくくった。

黒田は退任後の二〇二三年一一月二四日、日本経済新聞「私の履歴書」で、「デフレ克服に全力を尽くす決意を自分の言葉で伝えたい。そう思い、(中略)就任挨拶を考えた」と書いている。だが、後ろに控えていた副総裁の中曽宏は、このとき「空気が凍り付いたのを感じた。職員は、新総裁の第一声を自分たちが中央銀行としての使命を果たしてこなかった、という厳しいメッセージとして受け止めた」と自著『最後の防衛線 危機と日本銀行』(日本経済新聞出版、二〇二二年)に記している。

事実、職員たちのショックは大きく、彼らの記憶を頼りにこんな情報が本店内を駆け巡った。

「白川時代で良かったことは、二%目標を決めたことぐらいだ、と言っていた」

「これまでの金融政策は間違っていた。これを思い切って転換したいという内容だった」

正確な発言概要はイントラネットを通じて全国三三の本支店、一四事務所の全職員に伝えられたが、まるで宣戦布告のような挨拶に多くは言葉を失った。「ひどい総裁が来たものだ」と怒りをあらわにする者もいた。

ある支店では、ベテラン職員が「我々のやってきたことがすべて否定された。間違いだったということか」と上司に詰め寄り、本店では「白川さんが辞めてせいせいした」と本音を漏らしたばかりに部下の信頼を失う幹部も出た。

日銀内では、誰が黒田におもねり、誰が過去の伝統を守って新総裁に「諫言」するのかを「黒か、白か」と声をひそめて囁き合うようになる。

黒田は四月二日の衆議院予算委員会で、企画局が作成した想定問答に沿って、歴代総裁の金融政策を次のように総括する。

三重野康総裁――バブルを抑えるという過程で行き過ぎた金融の引き締めが起こった。むしろバブルが崩壊したあと、もう少し金融の緩和をスピーディーにやっておけば、バブルの崩壊の過程であれほど大きな問題が生じなかったのではないか。

福井俊彦総裁――二〇〇六年の量的緩和解除のタイミングが早過ぎたのではないかという批

判はそのとおり。物価がまだ上昇していない時点で量的緩和を解除してしまったということは、結果的にみて失敗であった。

白川方明総裁――いろいろなことをやり、それなりの下支えにはなったが、欧米と比べた場合にやはり不十分であり、その結果、デフレからの脱却にも至らなかったという面では、日本銀行としても反省すべき点である。

実は、金融政策を担当する理事と企画局長、政策企画課長らで構成される「企画ライン」には、白川総裁時代から「もっと大胆にやれるのにやらせてもらえない」という思いが鬱積していた。リーマンショック後の追加緩和があまりにも小出しで、経済界や市場の期待に応えられていない、と考えていたのだ。

苛烈な日銀バッシングに耐えかねたためか、ある幹部は白川時代の末期を「暗黒の時代」と呼んでいた。別の幹部は、「我々にはゲームチェンジャーが必要だった」と黒田に期待せざるを得なかった苦しい胸の内を吐露した。

体制転換の波紋広がる

レジーム・チェンジへの動揺は、審議委員の間にも広がった。

白川の緩和政策に一貫して賛成してきた白井さゆり（前慶應義塾大学教授）は、黒田内定後に開かれた金融政策決定会合で国債の買い入れ強化策を突如提案し、周囲を驚かせた。当時はまだ白川体制だったため一対八で否決されたが、行内からは「新総裁におもねった提案」との冷ややかな視線が白井に向けられた。

神戸大学教授出身の審議委員、宮尾龍蔵も記者会見で「執行部提案に盲目的に賛成している委員が多いのではないか」と辛辣な質問を浴びせられた。宮尾は「私自身は一月以降から追加緩和の提案もしてきている。政策判断との連続性は維持されている」と反論した。

また、就任時に緩和推進派とみられていたエコノミスト出身の木内登英と佐藤健裕両委員は、二％の共同声明に反対したことから、黒田体制では一転して「慎重派」と位置付けられるようになる。とりわけ木内は、岩田規久男らリフレ論者の著作にかねて疑問を持っていたため、政策思想が一八〇度変わるレジーム・チェンジに強い戸惑いを感じたという。

そんななか、金融政策を立案する企画担当理事に、大阪支店長の雨宮正佳が呼び戻された。長く金融政策にかかわってきた雨宮は、将来の総裁候補と言われながらも、なぜか白川とそりが合わず、自ら希望して大阪に異動していた。

これに対し、白川は退任直前に雨宮に直接電話し、黒田の下で政策担当に復帰してはどうかと持ちかけたが、雨宮は内部管理部門を希望し、いったん断った。

だが、経験豊富な雨宮抜きに「レジーム・チェンジ」は難しいと考えた財務省が、黒田に登用を強く進言する。さらに、日銀生え抜きの中曽もこの人事構想に賛同したことから、黒田は雨宮を呼び戻し、政策担当に据えることにした。

こうして金融政策の大転換は、黒田と雨宮以下の企画ラインを主力部隊として検討されることになる。

二を並べて、パネルを作れ

黒田体制が発足するや、ただちに「大胆な金融緩和」の検討が始まった。四月三、四日に開かれる最初の金融政策決定会合がターゲットである。

黒田や岩田と企画ラインとの初顔合わせは、三月二一日の人事発令の直前だった。場所は赤坂の氷川寮。まだ発令前だった雨宮も大阪から急遽駆けつけた。

複数の出席者によると、黒田はこの場で「出し惜しみするな」「戦力の逐次投入はしない」

「やれることは全部やる」というシンプルな指示を出した。

政策の立案に当たり、黒田は大方針は示すものの、細かい政策の中身に立ち入ることはほとんどなかったという。あくまでも現場の判断を尊重する手法は、財務省やADBで修得したとみられ、その後も長く続く「黒田スタイル」となる。

新総裁の号令を受けて、企画局長の内田眞一、政策企画課長の神山一成《かみやまかずしげ》ら企画ラインは大車輪で具体案の策定を急いだ。

岩田が退任後に出版した回顧録『日銀日記』（筑摩書房、二〇一八年）によると、政策論議は三月二四日から二八日まで連日行われ、二九日からは審議委員も加わり、四月二日まで断続的に行われた。この中で、岩田はマネタリーベースの毎月の純増額を「五兆円以上」とする独自案を伝えた、と書いている。

企画ラインの検討の要点は、①量的緩和の操作目標をどうするか、②二年で二％の物価安定目標を達成するためにどの程度の量が必要か、③技術的にどこまで国債を買い増しできるか、の三点だった。

まず、操作目標については、それまでの無担保コール翌日物金利（コールレート）からマネタリーベースに切り替えることで意見がまとまった。

日銀のバランスシートや当座預金残高を目標にする案もあったが、マネタリーベースの方が世間に分かりやすいとして採用された。マネタリーベースとは、現金と日銀当座預金の合計、つまり日銀が世の中に直接供給するお金の量である。

問題は、マネーの量をいくらに増やすかだった。

企画局は当初、白川時代に実施されてきた量的緩和の延長線上で拡張案を作成した。だが、それを見た雨宮は、「全然足りない。出し惜しみするなと総裁に言われたじゃないか」と言って突き返した。

「とにかくモデルを回してみろ」。そう言って雨宮は、企画ラインの若手が開発した新しい経済モデルを使って「二年間で二％を達成するために必要な量」を試算するよう指示する。企画ラインはこれを含む四種類の経済モデルを使って推計し、最終的に「長期国債を年五〇兆円ずつ買い増しし、マネタリーベースを二年で二倍に増やす」という驚きのプランをまとめあげた。

「えーっ。こんなにいるのか」。さすがの雨宮も思わず声をあげたという。

当時企画局がまとめた検討ペーパーに、この計算のプロセスが記録されている。

それによると、日銀の買い入れ残高、またはフローの買い入れ枠が一単位増えるごとに二年物国債と一〇年物国債の流通利回りがどの程度低下するかを調べ、これに米国債や平均株価の変動に伴う影響も加味した結果、国債の買い入れをそれぞれ一〇兆円ずつ増やした場合の利回りの低下幅は〇・一〜〇・二%になるという試算結果がまず得られた。

次に、調査統計局が開発したマクロ経済モデル「Q-JEM（Quarterly Japanese Economic Model）」を使って二%実現に必要となる長期金利の低下幅を推計し、これに最初の試算値を入力した。こうして出た答えが「概ね二倍に該当する五〇兆円程度の増額」（幹部）だった。

また、「VAR（ベクトル自己回帰モデル）」と呼ばれる別のモデルを使い、「当座預金一〇兆円当たりのCPI上昇幅は〇・一%」との試算も参照したことがペーパーには記されている（いずれも二〇一三年四月、企画局作成「国債買い入れのストック効果」「国債買い入れの物価押上げ効果」より）。

コールレートからマネタリーベースへの操作目標の変更は、伝統的な「金利重視の金融政策」から脱皮したようにもみえる。ただ、このペーパーからも明らかなように、企画ラインは量の効果を標榜しつつも、緩和効果は「長めの金利低下」によってもたらされるという基本思想を変えていない。担当者は「カネさえ増やせば解決するというリフレ派とは全く違う。徹底的に長期金利を下げる狙いだった」と話している。

第三の技術的な問題については、白川時代の買い入れ実績をベースに買い入れ可能額を試算し、年間五〇兆円の買い増しは可能と判断した。

ただ、こうした計算式はあくまでも「参考値」に過ぎず、雨宮らは最初から「思い切った量の拡張」を狙っていた。幹部の一人はこう振り返る。

「これだけ買えばこれだけ物価が上がるという体系だったモデルは存在しない。ただ、従来とはレベルの違う量的緩和を、必ずしも目をつぶって決めたわけではないと言うために［モデルを］利用したということだ」

また、別の幹部は、リーマンショック後に米国が大規模緩和に踏み切ったため、これに匹敵する規模の量的緩和は不可避だったと打ち明けた。

「基軸通貨国がやってはならない政策を採り、他の国々は通貨高に直面した。対抗上、アメリカに追随するしか道がなかった」

実は雨宮は、若いころから「量の効果」に関心を抱いていた。

バブル崩壊後の不況で政策金利がゼロ％に接近していた一九九五年ごろ、まだ企画課調査役だった雨宮は、日銀当座預金の操作可能性をペーパーにまとめ、企画局長に提出したことがある。また、当時タブー視されていた長期国債の買い増しについても「買ってみなければ効果があるかないか分からないじゃないですか」と言い、何度も上司に議論を挑んだ。

その後、白川体制下で政策担当理事になると、思い切った追加策を何度か提案したが、政策思想の異なる白川には受け入れられなかった。

大阪支店長だったころ、相場が円安・株高方向に反転しているのではないかと直感した雨宮は、「この変化をうまく利用しよう」と量の拡張を決断する。新総裁が「乾坤一擲でやる」と言っているのだから、いちばん効くようにやろうじゃないか、と。

「概ね二倍」の目標値が固まったあと、雨宮は局長の内田に言った。

「二年、二%に二倍か……。よし、二を並べてパネルを作れ。総裁の記者会見で使おう」

絶対に無理と言うな

ただ、量の拡大を検討する過程で越えなければならないハードルがあった。「銀行券ルール」との整合性である。

日銀は二〇〇一年の量的緩和導入に際し、「長期国債の保有額を銀行券の発行残高以下に抑える」という自主ルールを設けた。政府の財政赤字を中央銀行が補塡する「財政ファイナンス」に陥らないようにするための歯止めである。

このルールがある限り、年間五〇兆円ずつ国債を買い増し続けることはできない。が、企画ラインで議論が進むうち、局長の内田がこともなげに言った。

「銀行券ルールなんて意味がない。凍結すればいいだろう」

出席者たちは返す言葉がなかった。なぜなら、銀行券ルールの「発案者」は、他ならぬ内田その人だったからだ。

内田はまだ企画課の調査役だったころ、それまで年間のフローで制御していた銀行券ルールを「残高ベース」で管理する案をまとめた。長期国債の買い増しを求める政治圧力に苦しんでいた上層部はこれに飛びつき、以来一〇年以上にわたって財政ファイナンスを防ぐための砦となっていた。それを自らの手で葬り去ろうというのである。

もっとも、銀行券ルールそのものは、すでに白川時代に〝骨抜き〟になっていた。

政治サイドの執拗な追加緩和要求に応えるため、白川執行部は一〇年一〇月、「資産買入れ等の基金」を新設し、銀行券ルールとは「別枠」で国債を買い入れる仕組みを導入した。当時の買い入れ対象は二年物国債だったため、二年間に限定した緊急避難の位置付けだったが、一部の審議委員から「なし崩し的なルールの放棄ととられかねない」との批判が出ていた。

このため、すでに形骸化したルールを凍結してもなんら影響はない、と内田は判断した。ある幹部は「白いものを黒と書いてほしいと頼んだら、ほぼ反駁不可能なペーパーを用意し、逆に黒を白と書いてこいと言ったらまた完璧なものを作ってくる。彼の胆力と割り切りはすごい」と、内田を評している。

「二並び」の計画が、企画ラインから黒田と岩田に説明されたのは三月末ごろだった。その出来栄えに黒田は満足し、岩田はとにかく驚いた、と出席者は記憶している。

実は、岩田が就任前に要求していた量的緩和はもっと「控え目」な規模だった。副総裁に就任する直前のインタビューで、岩田は次のように語っている。

マネタリーベースは直近で約一三二兆円。マネタリーベースと市場の予想インフレ率の関係は、市場が日銀の金融政策レジーム(枠組み)をどのように考えるかに依存する。(中略)市場が「日銀はやる気だ」と思えば、二%の物価上昇に必要なマネタリーベースは一五〇兆円程度と試算される。しかし、市場が通常の日銀政策レジームが続くと予想すれば、一七六兆円程度が必要になる。

(『週刊 エコノミスト』二〇一三年二月一九日号)

これに対し、事務方の計画では、マネタリーベースは二七〇兆円に膨らみ、岩田の要求額を一〇〇兆円以上も上回る。出席者によると、岩田は一瞬驚いたあと、「こんなにできるんだ。

大きいなあ」と無邪気に喜んだという。

とは言え、黒田が目標に掲げた「二年、二％」をめぐっては、政府や日銀内部でも懐疑的な見方の方が強かった。

副総裁の中曽は衆議院での所信聴取で、「さまざまな要因に左右される部分が残るため、必ず二年で〔達成〕とは言いがたい」と答えている。日銀プロパーとして、「できるかできないか分からないことをコミット〔約束〕する文化は日銀にはない」と判断したからだ。

また財務相の麻生太郎も「二年、二％」について、国会で次のようにリフレ派を批判した。

「やっぱり学者というのはこんなものかいなと思って、実体経済が分かっとらん人だということう発言をするんだなと正直思いましたよ、（中略）やっぱりデフレーションからインフレーションに戻して、いきなりぼんとそこまで行くというのはなかなかちょっと簡単な話じゃないと思っておりましたから、二％が二年間で簡単に行くかなとは正直思わないでもありません」（二〇一三年三月二一日、参院財政金融委員会）

三月末に開かれた正副総裁と審議委員との全体ミーティングで、日銀調査統計局長の前田栄治は、意を決して「二％達成は難しいと思います」と報告した。

それまでの物価情勢から、二年で二％を達成するのは不可能だと前田は見抜いていた。だが、ミーティングの直前、上司から「絶対に「無理」と言わないように」とクギを刺され、「難しい」との表現にとどめた。

だが黒田は、ニコニコ笑いながら前田にこう返したという。

「だったら、できるようにするだけですね」

「衝撃と畏怖」作戦始まる

四月四日、木曜日。黒田体制下で初の金融政策決定会合で、次のような大規模緩和が議決された。

一、操作目標をマネタリーベースに変更し、年間六〇兆〜七〇兆円ペースでこれを増やす
二、長期国債を年間五〇兆円程度買い増しする。買い入れの平均残存期間を現状の三年弱から七年程度に延長する
三、ETF（上場投資信託）を年間一兆円、REIT（不動産投資信託）を年間三〇〇億円買い増しする

四、二％の物価安定目標を実現し、安定的に持続できるまで量的・質的金融緩和を継続する
（この議案にのみ木内委員が反対）

これにより、マネタリーベースは前年末時点の一三八兆円から二年後には二七〇兆円に膨張する。長期国債の保有残高も前年末の八九兆円から二年間で一九〇兆円に膨らむ。白川時代に導入された基金による買い入れ方式は廃止され、「銀行券ルール」も凍結された。

さらに国債だけでなく、ＥＴＦやＲＥＩＴの大幅な買い増しという買い取り資産の「質」の面でも緩和強化を図り、合わせて「量的・質的金融緩和（Quantitative and Qualitative Monetary Easing）」と呼ばれた。

一〇年後に公開された政策決定会合の議事録によると、黒田は冒頭、「皆さんからご発言を頂く前に、私から一言申し上げたい」と断り、こんなことを話している。

「量・質ともにこれまでと次元の違う金融緩和を行う必要がある（中略）できることは全てやる、すなわち戦力の逐次投入は避け、目標をできるだけ早期に実現するということを目指すべきであると思う。具体的な期間としては、私自身は二年程度の期間を念頭に置いている」

これから討議を始めようという時に、議長がいきなり結論めいたことを口にした例はほとん

大規模な金融緩和の導入を発表した黒田東彦日銀総裁(2013年4月4日，日銀本店，©毎日新聞社)

ど記憶にない、と企画ラインの幹部は言う。それほど黒田の決意が固かったわけだが、一方で議事運営の公正さが問われかねない手法とも言える。

実際、会合では黒田に続いて岩田と中曽が政策の骨格を次々と説明し、流れはほぼできあがった。終盤になって審議委員の間から慎重意見も出たが、大勢に影響はなかった。

決定後の会見で黒田は、雨宮が用意させた「二％、二年、二倍、［買い入れの平均残存期間も］二倍以上」というパネルを使って説明し、「目標を達成するために必要な政策はすべて講じた。これまでとは全く次元の違う金融緩和を行う」と宣言した。ちなみに、「異次元の金融緩和」という大仰なフレーズを思いついたのも雨宮である。

サプライズ緩和の一報は、午後一時四〇分ごろ、一斉に報じられた。東京外為市場では円相場が一ドル＝九二円台後半から九四円台に瞬時に急落し、その後九六円六〇銭まで円安が進行した。平均株価も朝方は前日比二八六円安だったが、終値は二七二円高まで急回復し、債券市場では一〇年物国債の利回りが史上最低を下回る〇・四二五％まで低下した。就任からわずか半月で決まった大規模緩和に市場もメディアも驚き、「異次元緩和」「黒田バズーカ」の異名が広がっていく。

新執行部がかくも大胆かつ迅速に動いたのは、「短期決戦」でけりをつけられるという手ごたえを感じていたからだ。

為替市場では、欧州債務危機が山を越えた二〇一二年夏ごろから「安全資産の円買い」がピークアウトし、巻き戻しの動きが始まっていた。また日本株の割安感も海外勢に見直され、アベノミクスの登場が「日本買い」を膨らませる絶好のきっかけとなった。円相場は総選挙前の一ドル＝七八円台から黒田就任時には九五円台まで下落し、平均株価も一一月の八六〇〇円台から一万二四〇〇円まで急騰していた。

この追い風に乗って市場にもう一段のサプライズを与えれば、物価上昇期待を一気に高めることができる、と黒田らは考えた。総裁就任の直前、黒田がこんな話をしたことを財務省幹部ははっきりと覚えている。

「二年と決めて片付ける、勝負をつけないといけない問題なんだ、これは。もたもたしちゃいかん」

速戦即決を目指す作戦は、企画ラインで「shock and awe（衝撃と畏怖）」と呼ばれた。二〇〇三年のイラク戦争の際、圧倒的な軍事力で敵の戦意を喪失させた米軍の作戦名であり、四日の政策決定会合でも雨宮が「shock and aweで決意を示し、大きな金額を買っていくことで効果が生まれてくる」と発言したことが、議事録に残されている。

ミッドウェーまで行かなきゃいいが

「衝撃と畏怖」作戦がもたらした成果に、政権側は欣喜雀躍した。

安倍はこの日、TBSのインタビューで「見事に期待に応えていただいた」と黒田を絶賛した。財務相の麻生は「次元の違う金融政策に踏み込んだ」と評し、経済再生担当相の甘利明も「一二〇点ぐらいあげたい」と持ち上げた。

内閣官房参与の本田悦朗は、安倍に「朝食でもランチでもいいので毎月一回、黒田さんと会ってください。総理と総裁が同じ方向を見ていると、マーケットに見せることが大切です」と進言し、このあと安倍と黒田の昼食会が定期的に開かれるようになる。

この翌日、黒田を再任するための国会同意人事案が衆参両院の本会議で採決され、賛成多数で同意された。新日銀法に基づき、黒田の一期目は繰り上げ辞任した白川の残り任期（三月二

○日から四月八日)とされていた。この日の国会同意を受けて、黒田は四月九日から「二期目」に入った。

黒田バズーカが演出した円安・株高はその後も加速し、一カ月ほどで円相場は一ドル＝一〇〇円台をつけ、平均株価は一万五〇〇〇円まで駆け上がっていく。四月二六日の政策決定会合後には、「約二年程度でCPI上昇率が二％に達する可能性が高い」とする「経済・物価情勢の展望(展望レポート)」が発表された。(展望レポートとは、日銀が経済や物価の見通しを示し、それに基づく今後の金融政策の考え方をまとめた報告書。年四回公表する)

これはのちに判明したことだが、景気はすでに前年一一月に底を打ち、安倍内閣発足時には緩やかな景気回復が始まっていた。円安・株高の勢いそのままに、自民党は二〇一三年七月の参議院選挙で圧勝し、衆参のねじれ解消により安定した政権基盤ができあがる。

九月には、二〇二〇年夏季オリンピックの東京開催が決まり、安倍は外遊先のニューヨークで「バイ・マイ・アベノミクス[アベノミクスは「買い」だ]」と強気の演説をした。「アベノミクス」はこの年を象徴する言葉となり、流行語大賞の候補にも選ばれた。

もっとも、異次元緩和に対する財務省の受け止めはそう単純ではなかったようだ。

四月の決定直後、当時の主計局幹部が副総裁の中曽に対し、冗談めかしてこんな話をした。

「真珠湾としてなら分かる。これがミッドウェーまで行かなきゃいいですね」

あくまでも短期決戦にしか「勝機」はないという意味だ。異次元緩和の下、日銀は月七兆円のペースで国債を買い入れる方針を打ち出したが、これは毎月の新規国債発行額の七割に相当する。万一これが長期化し、市場に「財政ファイナンス」と受け取られた場合、長期金利の急騰を招く恐れがあった。

国債や政府短期証券(FB)など国の借金残高が一〇〇〇兆円を突破したと発表されたのは、「衝撃と畏怖」作戦の四カ月後のことである。

総裁は「ガハハハ」と笑う

異次元緩和がまだ眩しい光を放っていたころ、総裁側近たちは黒田と日銀職員との間に流れる「冷ややかな空気」を解消しようと走り回っていた。

総裁は五〇〇〇人からなる組織の頂点に立つ。たとえ就任時の挨拶がショッキングだったにせよ、現場が総裁に「面従腹背」するような事態だけは避けよう、と秘書たちは考えていた。

外部から総裁を迎えるのは松下康雄以来一五年ぶり、新日銀法下では初めてである。接待汚職事件で引責辞任した松下は退任の際、「行員の中に親しく入り込み、その内情を肌身で感じる機会は少なかった」と無念の思いを語った。黒田に同じような思いをさせては、側近として立つ瀬がない。

ある日、秘書役の清水誠一が「現場の視察をお願いできませんか」と黒田に持ちかけた。好奇心旺盛な黒田はこれに快く応じる。秘書課はすぐに一五ある局や室と連絡を取り、多忙な業務の合間を縫って中央銀行の仕事を見てもらおうと綿密なプランを立てた。

とかく金融政策だけに注目が集まりがちだが、日銀の業務は実に幅広い。銀行券を発行し、戻ってきたお札を鑑査し、古くなれば処分する。国の財布を管理し、国債に関するあらゆる実務を担う。日銀と民間との資金や国債の決済をオンラインで処理する「日本銀行金融ネットワークシステム(日銀ネット)」は国内決済システムの要であり、ほかにも本支店での経済調査や統計業務、アーカイブや金融広報、建物の保守管理や警備も重要な業務だ。

黒田は、これら本店の各部局や地下の巨大金庫、国内最大の発券拠点である埼玉県の戸田発券センター、日銀ネットの司令塔である府中電算センターから本店にある職員食堂の厨房まですくまなく見て回った。

現場では管理職ではなく、若手が説明役を務め、黒田と直接会話できるよう配慮した。視察の様子を写した画像は行内のイントラネットにすぐにアップされ、「総裁がガハハハと笑った」「意外に明るい人で驚いた」といった話が広がっていく。全国に三二ある支店についても毎年四カ店をめどに視察することになった。

「これほどすみずみまで日銀内部を見て回った総裁は黒田さんが初めてだと思う」と側近の一人は言う。「総裁は裏表がなく、明るい人だ。できるだけ多くの職員に接してもらい、それを知ってもらおうと思った」

その後、総裁と職員との昼食会も定期的に開かれるようになり、各部局でキーマンとされる幹部は順番に総裁室に招かれ、意見交換の場が設けられた。就任時の「冷たい挨拶」が繰り返されないよう、秘書たちは総裁の挨拶原稿を細かくチェックした。

「デマケの総裁」の領空侵犯

大蔵省という巨大組織で育った黒田は、基本方針を示したあとは各部局に個別の判断を任せ、下から積み上げられた結論を尊重する「官庁型リーダー」である。

例えば講演一つとっても、用意された原稿に細かく筆を入れた白川とは対照的に、黒田は上がってきた原稿を基本的にはそのまま読む。白川が「知的刺激に溢れたレポート」を求め、現場を徹底的に鍛えようとしたのに対し、黒田が自ら進んで報告などを求めることはほとんどなかった。ある職員は「白川さんが黒田さんに代わり、逆に「ブラック」職場が「ホワイト」になった」と冗談交じりに話した。

黒田はまた、東大法学部の出身らしく、政策から得られる利益と失われる利益を比較衡量したうえで選択する「利益衡量論」に立脚し、法定された権限や責任を重んじる「デマケーション（役割分担）」論者でもあった。財政や為替は財務省、銀行の規制監督は金融庁の権限であり、日銀はとにかく物価の安定に専念すべし、という考えだ。

地方銀行の経営課題を黒田にレクチャーしようとしたある幹部は、「それは金融庁の仕事だ」と言って片付けられた。「金融システムの安定といった行政権限に属する仕事は、本来、日銀法の目的には入っていない」と黒田から聞かされたとの証言もある。

そんな黒田が、珍しく「領空侵犯」に及んだことがある。新たな国際金融規制をめぐる外交交渉で大立ち回りを演じたのだ。

リーマンショックの反省に立ち、G20サミット（金融世界経済に関する首脳会合）は二〇一〇年代から国際金融規制の改革に乗り出し、スイス・バーゼルの金融安定理事会（FSB）で検討が始まっていた。ここで浮上したのが「TLAC（総損失吸収力）」と呼ばれる新たな規制である。

これは大手銀行が破綻しかかった時、納税者の負担を回避しつつ、整斉と破綻処理に移行できるよう、あらかじめ銀行の対応余力を「損失を吸収できるレベル」にまで拡充しておこうというものだ。具体的には、「国際的な金融システムにおいて重要な銀行」と当局に認定された大手金融機関を対象に自己資本比率(現行八%)の実質的な上積みを求め、事実上最大二〇%近くまで高める案が検討されていた。

総裁就任後にこれを聞いた黒田は、「そんなものは絶対に受け入れられない」と激しく反対する。もし日本のメガバンクが自己資本比率の大幅な積み増しを求められたら、再び貸し渋りが起き、国内経済が混乱しかねない。そもそも自己資本の積み増しが金融危機の抑止や解決に役立つはずがない、というのが反対の理由だった。

そのうえで黒田は、バーゼルの会議が「全会一致」で運営されていることを知り、拒否権をちらつかせながら欧米に撤回を迫った。「常日頃、規制や監督は金融庁の仕事だと言っていた総裁が、このときだけは違った。国益に反すると判断して腹をくったのだろうが、それまでの日銀総裁では考えられない行動だった」と関係者は話す。

外交交渉は国家間のパワーバランスと理性的な議論、そして交渉官同士の信頼関係によって決まる。このときも欧米の動きを察知した金融庁幹部が急遽欧州に飛び、ぎりぎりの落としどころを探っていた。そこに突然、拒否権というカードが天から降ってきたのだ。

交渉の最前線に立つ金融庁は困惑し、日銀内からも「そろそろ妥協すべきではないか」との声が出たが、黒田は一歩も退かない。「交渉とはこうやるもんだ」と言わんばかりの迫力に、現場は押され続けた。

日本が同意しなければＴＬＡＣ規制は成立しない。焦ったＦＳＢ議長のマーク・カーニー（イングランド銀行総裁）、米財務長官のジャック・ルーが黒田に電話し、説得を試みた。だが、黒田は「駄目だ。私は納得しない」とはねつけ、さらにＧ20の財務大臣と中央銀行総裁に宛てて新規制の「理不尽さ」を訴える私信を一斉に送りつけた。

結局、数年がかりの交渉は、日本など各国向けに特例を認めることで二〇一五年一一月、最終合意にこぎつける。規制そのものは導入されたが、日本に配慮した合意内容に黒田も最後は納得した。交渉関係者は「黒田さんが「悪役」を演じてくれたおかげで、日本寄りの合意ができた」と振り返る。

当時、責任者だった金融庁の河野正道は、退官後のオーラル・ヒストリーでこう述べている。

「日銀総裁が「テコでも動かない」と公言していたからこそ、水面下で議論が進められた面もある。総裁が「降りない」ということをあちこちで公言していて、事務方はフリーズしかかっていた。けれども私は(中略)このぐらいの案なら最後はいいと言ってくれるだろうという気持ちで交渉できた」

国際金融界における黒田の存在感は、一気に高まった。

消費税と「どえらいリスク」

二〇一三年の夏を迎え、安倍政権では消費税率の引き上げが重要テーマとなっていた。

この前年の六月、民主、自民、公明の三党は「社会保障と税の一体改革」で合意し、消費税率を一四年四月に五%から八%、一五年一〇月に一〇%へと段階的に引き上げる法案を成立させていた。この際、首相だった野田佳彦が「近いうちに信を問う」と約束したことが暮れの解散総選挙につながった。

ただ、この法案の成立過程で、反対派を懐柔するため、附則に「名目三%、実質二%の成長率を目指して(中略)必要な措置を講じる」という「景気弾力条項」が盛り込まれた。これにより、一回目の増税を予定通り行える環境かどうか、安倍政権で点検をしなければならなくなったのである。

消費税率の引き上げは橋本龍太郎政権下の一九九七年以来一七年ぶりで、安倍自身は自らが関わっていない「三党合意」の履行には必ずしも乗り気でなかった。首相周辺は「もともと自分の政策ではないし、消費税の増税を二回もやりたくないと総理は思っていた」と証言する。

アベノミクスを支えるリフレ派の面々も、増税実施には反対の立場だった。

八月に入ると、ブレーンの本田は安倍と首相秘書官の今井《いまい》尚哉《たかや》に対し、「実施時期を先送りするか、もしくは来年四月から一％ずつ引き上げ、五年かけて一〇％にすべきだ」と提言する。内閣官房参与となったイェール大学の浜田宏一も「アベノミクスによる景気回復とデフレ脱却を阻害する可能性がある」と指摘していた。

経済運営で躓いた橋本政権の轍を踏んではならないという本田の提案に、安倍は当初強い関心を示したという。ただ、一％刻みへの変更には消費税法の改正が必要で、あるとき本田は今井に呼ばれ、こう告げられる。

「総理をこれ以上苦しめるな。本田さんの主張に理があるのは分かるが、それを実現するにはものすごいポリティカル・キャピタルが必要になる。だからもう撃ち方はやめにしてくれ」

ポリティカル・キャピタルとは、有権者の支持に裏打ちされた「政治的資本」のことで、首相はこれをうまく使いながら政策を遂行する。消費税法の改正でこの貴重な資本をすり減らすべきではないという今井の判断に、本田は折れた。

この間、世論の動向を見ていた安倍も、八月末の専門家による政府の集中点検会合で出席者の七割が増税を支持したこと、盟友の麻生と財務省に説得されたことから、一〇月一日、増税の実施を決断した。

このプロセスで、財務省とともに安倍の背中を押した一人が、黒田だった。財務省で主税局の経験もある黒田は、早くから「増税論者」と目されてきた。就任記者会見のときから財政規律の重要性を説き、その後の記者会見でも「脱デフレと消費税増税は両立する」「財政規律が緩むと、間接的に金融政策の効果に悪影響を及ぼす懸念がある」と言い続けた。

増税の是非について安倍が有識者から話を聞く八月末の集中点検会合で、黒田はこんな爆弾発言をする。

「[金利急騰という]確率は低いかもしれないが、起こったらどえらいことになって対応できないというリスクを冒すのか」「[債務残高の対GDP比率が]三〇〇%でも五〇〇%でも一〇〇〇%でも(大丈夫か)といったら、それはあり得ない。どこかでぼきっと折れる。折れたときは政府も日銀も対応できない」(二〇一三年九月七日、日本経済新聞)

増税の先送りで日本国債への信認が揺らぎ、長期金利が急騰した場合は中央銀行として対処できないという「脅し」にも近い発言だった。

会合に出ていた本田は、この発言を鮮明に記憶している。

「どえらいリスクだと言った。出席者は皆唖然として、言葉も出なかった。日銀総裁にそこまで言われたら、誰も歯向かえない」

さらに黒田は、その後の記者会見でも「予定通り消費税率を引き上げても、基調的に潜在成長率を上回る成長が続く。景気が腰折れするとは思っていない」と言い続ける。増税前の駆け込み需要とその反動による振幅はあるものの、「経済の前向きな循環は維持され、基調的に潜在成長率を上回る成長を続ける可能性が高い」という見立てだった。

こうした「財政に物申す総裁」を、日銀マンたちは内心頼もしく感じていた。

膨大な国債を保有する日銀にとって、財政規律は自らの財務の健全性を保つ〝命綱〟である。ある幹部は「歴代総裁と違い、黒田さんなら財政運営にものが言えるのではないかと期待した」と話している。

リフレ派の総裁批判

一方、こうした黒田のスタンスに不満を抱いていたのが副総裁の岩田である。

本田や浜田らと同じく、リフレ派の中心である岩田も、漸次高まりつつあるインフレ期待が消費税増税によって萎《しぼ》むことを危惧していた。早すぎるタイミングでの財政引き締めは「リフレ・レジーム」を壊しかねないと案じていたのだ。

岩田は退任後に「黒田総裁もよくぞ言ってくれましたという感じだ。(中略)日銀総裁としての矩を超えた」(岩田前掲書、二〇一八年)と、「どえらいリスク」発言を痛烈に批判している。

ただ、岩田は日銀内の議論で増税リスクを指摘することはあったが、日銀の外で異論を唱えることは一度もなかった。「副総裁である私が真逆のことをいうことは(中略)「予想に働きかける」経路を最重視する金融政策にとっては致命的である」(同)と判断したからだと岩田は書いているが、もう一つ、日銀法の「縛り」のため身動きが取れなかったとの見方もある。

日銀法第二二条二は、「副総裁は、総裁の定めるところにより、日本銀行を代表し、総裁を補佐して日本銀行の業務を掌理し、総裁に事故があるときはその職務を代理し、総裁が欠員のときはその職務を行う」と規定している。

この条文を踏まえ、日銀の法務部門は岩田に「正副総裁は一体である」と説明し、「総裁を補佐」するようクギを刺した、と関係者は証言する。「執行部の一員となった岩田さんは、本音では言いたい増税先送り論を抑えている」と審議委員たちも感じていた。

岩田は退任後、「早期の二％達成を阻んだ要因は消費税だ」との主張を強めていく。ただ、日銀の調査統計局がのちにモデルを使って精緻に試算したところ(カウンターファクチュアル・シミュレーションと呼ぶ)、仮に消費税増税がなかったとしてもCPI上昇率が二％に到達することはなかったという。

振り返って企画ライン幹部は、「岩田さんは確かに消費税を心配していたが、それほど強く発言した記憶はない。それを声高に言うようになったのは、むしろ増税の影響が出たあとだった」と証言している。

「バズーカⅡ」放たれる

二〇一四年春、全国で最初に満開を迎えたのは、意外にも東京の桜だった。

開始から一年が経った異次元緩和は、緒戦で上々の戦果を上げていた。マイナス基調だったCPI上昇率はプラス一・五％前後に浮上し、日銀内でも「これはいけるかもしれない」との声が出始める。株高・円安を背景に企業収益も改善し、一三年度の経済成長率は二・六％の高い伸びを記録した。安倍内閣の支持率も底堅く推移し、政権は安定飛行を続けていた。

だが、四月一日に実施された消費税率の引き上げは、リフレ派が案じた通り、景気に冷水をかける。増税前の駆け込み需要がもたらした反動と、円安進行に伴う物価の上昇に賃金の伸びが追いつかず、消費が一気に落ち込んだのだ。

それでも黒田は「七〜九月以降、潜在成長率を上回る成長経路に復していく。［二％の］目標達成には確信を持っている」と強気の姿勢を崩さない。四月末には、一五年度に続き一六年度についても二％程度のＣＰＩ上昇率を達成できるとする展望レポートを公表するが、夏場に入ると中国・欧州経済の減速やシェールオイルの増産で原油価格が急落し、ＣＰＩ上昇率は月を追って鈍化した。

雨宮らが「何か手を打たなければならない」と考え始めたのは、八月に入ってからである。複数の審議委員の間からもすでに物価予想の変調を心配する声が出始めていた。

企画ラインは前年春に年間五〇兆円の国債買い増し案をまとめたが、実のところ買い入れの限界がいくらなのかは分かっていなかった。

前の白川体制はリーマンショック後に、二年物国債の約七割を買い入れる「包括緩和」を行っていた。この実績を踏まえ、異次元緩和では長期国債の年間発行予定額一二七兆円の七割に相当する九〇兆円弱を買い入れ総額の目安にする。この場合、満期償還分を差し引いた「純増」額は年間五〇兆円程度となるため、これを「技術的な上限」と判断したのである。

だが、一年余りの経験から「まだ相当の買い入れ余地」が残っていることが次第に分かってきた。ある幹部は「実際に買ってみて分かった。当初はこのあたりが限界だろうと思ったら、もう少しできますという報告が上がってきた」と話す。

別の幹部は「白川時代に出し惜しみをして痛い目に遭った。その経験を踏まえ、本当にこれ以上は買えないというぎりぎりの額を算出した」と打ち明ける。企画ラインは一年前と同じ経済モデルを回し、二%目標達成への道筋を描き直した。

かくして第二弾の異次元緩和策が、意表を突く形で発表された。一〇月三一日、ハロウィーンの午後である。

一、マネタリーベースの増加ペースを年間六〇兆~七〇兆円から八〇兆円に拡大する
二、長期国債の買い増し額を年間五〇兆円から三〇兆円増やし、八〇兆円に拡大する
三、買い入れの平均残存期間を最大三年延長し、七~一〇年程度に長期化する

四、ＥＴＦとＲＥＩＴについても従来の三倍増のペースで買い入れる

誰も予想しなかった「黒田バズーカⅡ」は、金融政策決定会合で賛成五、反対四の僅差で決まった。

前年春の「二並び」に続き、今度は「三〇兆円、三年、三倍」と書かれたパネルを記者会見で指差しながら、黒田は「今まさに正念場、critical moment［瀬戸際］にある。これだけのことをやれば、デフレマインドの転換が遅延するリスクに十分対応できる」「二年程度の期間を念頭に置いて、できるだけ早期に二％を実現する考えに変わりはない」と力説した。

黒田は就任前から、中央銀行総裁の「コミットメント」には絶大な力がある、と確信していた。まだＡＤＢ総裁を務めていた〇九年九月、黒田は内閣府経済社会総合研究所のオーラル・ヒストリーインタビューに応じ、次のように語っている。

「中央銀行総裁のコミットメント（中略）これで私はデフレを止める、止めるまで何でもやるぞということがあると、それは効くのですよ」

また、かつてオックスフォード大学で経済学者のジョン・ヒックスから「中央銀行による小幅な金利操作がなぜ経済全体に影響を与えるのか」について、「これで効果がなければいくら

でも下げるぞというコミットメント、脅かしというか、そういうメッセージがあるから経済活動に良い効果を与える道をつけるのだ」という講義を聞いたことを紹介し、「それは正しい」とオーラル・ヒストリーで述べている。

中央銀行が「出し惜しみ」せず、大胆にマネーを供給すれば、必ずやインフレ期待に働きかけることができる、と信じていたのだ。

徹底した隠密行動と秘密主義

二〇一四年一〇月三一日の追加緩和は、ＦＲＢが量的緩和の終了を決めた直後に決まった。さらに、公的年金資金を運用する年金積立金管理運用独立行政法人（ＧＰＩＦ）が国債の買い入れを減らし、その分株式の運用を増やすという資産構成見直しの発表とも重なった。

このため、市場は「ＧＰＩＦが減額する三〇兆円相当の国債を日銀がそっくり引き受け、株価支持策に同調した」と好感し、円安・株高が爆発的に進む。平均株価は七五五円高と、この年最大の上げ幅を記録し、円相場も二円ほど急落した。「衝撃と畏怖」作戦の威力は、二回目もまた絶大だった。

市場が大きく動いたのには、別の要因もある。黒田執行部がサプライズ効果を最大限演出しようと、金融政策決定会合まで徹底した隠密行動を取ったからだ。

決定の三日前、一〇月二八日の参議院財政金融委員会で黒田は、「これまでのところ二%の物価安定の目標の実現に向けた道筋を順調にたどってきた」と二回続けて答弁する。これにより、市場もメディアもこのタイミングでの追加緩和はないと理解した。

事実、追加緩和の可能性を事前に報じたメディアはほぼ皆無で、決定当日の夕刊で「現状維持とする公算が大きい」と報じた全国紙もあった。裏返せば、黒田執行部は国会答弁などを使って巧妙に〝煙幕〟を張ったことになる。

ただ、五対四という際どい票数が示すように、徹底した「秘密主義」は、メディアだけでなく、審議委員にも疑念と不信感を植え付ける結果となった。

審議委員をはじめ、政策決定会合の出席者には、会合の二日前から外部との接触を禁じる「ブラックアウト」と呼ばれるルールがある。事前の情報漏れを防止し、金融政策の信頼性を保持するのが目的だが、バズーカⅡの案が審議委員たちに示されたのは、このブラックアウトに入ってからだった。

前日の黒田答弁を含め、追加緩和のヒントすら与えられなかった委員たちは、わずか二日で内容を吟味し、自らの意見をまとめなければならない。専属スタッフは課長補佐級の企画役と秘書の二人しかおらず、「実質的にすべて一人で準備しなければならない」のが実態だという。

結局、会合では東京電力出身の森本宜久、三井住友銀行出身の石田浩二、それに共同声明に異を唱えた木内、佐藤という民間出身の四人が反対票を投じた。だが、黒田は五対四でも全会一致でも可決したことには変わりない、とまったく意に介していないようだった、と審議委員の一人は話している。

ＯＢの反発、官邸の疑念

唐突な「バズーカⅡ」には、日銀ＯＢたちも眉をひそめた。

長い歴史を持つ日銀は、旧大蔵省と同じく「一家意識」が強く、ＯＢの影響力は無視できない。現役幹部は定期的に有力ＯＢを訪問し、現下の経済情勢や金融政策の説明を行うのがしきたりとなっている。

この説明などさまざまな席で、現役はＯＢの強い批判にさらされた。

企画ラインのある幹部は「進駐軍に盲従した」と非難され、別の幹部は「裏切者」呼ばわりされた挙句、「よくもまあ精神のバランスを保てるもんだ」と皮肉を浴びせられた。

あるＯＢは「財政ファイナンスにつながらないように、これまで注意深く政策運営してきたのに、すべてを台無しにした」と憤慨する。とりわけ、一〇月の「バズーカII」に対しては、「こんなに国債を買ったらもう元に戻れない。誰かが身体を張って止めるべきだった」と怒りをあらわにした。

これに対し、現役からは「われわれはテクノクラートなのだから、九人で構成される政策委員会の決定に従うのは当然じゃないか」と反発の声が噴き出す。幹部の一人は「日銀はOBのために存在しているわけじゃない」とまで言った。

日銀一家の結束にひびが入り、現場に動揺が広がっていく。双方が抱いた不信感は、のちにさまざまな「事件」を引き起こすことになるが、これは後述する。

「バズーカII」に疑問を抱いたのは日銀OBだけではない。その唐突な決定に、首相官邸もまた不審の目を向けた。この追加策が翌年に予定されている消費税の再増税を「後押し」するために行われたのではないか、と勘ぐったのだ。

この年の四月に八%に引き上げられた消費税率は、三党合意に基づき、翌一五年一〇月からさらに一〇%に再引き上げすることになっていた。

予定通り再増税すべきかどうかが政治の争点となるなか、追加緩和で株価が急騰すれば、景気の先行き不安は和らぎ、再増税しやすくなる。実際、増税を目指していた当時財務事務次官の香川俊介は、バズーカⅡの決定に小躍りし、「支援に感謝するメール」を雨宮に送っている。

前述したように、日銀の企画ラインはすでに八月から追加緩和の検討に着手していた。幹部によれば、判断の決め手となったのは決定会合の直前に調査統計局がまとめた物価予測の下振れであり、「再増税を後押しする意図などまったくなかった」と断言する。

それでも、安倍や官房長官の菅義偉は、何の前触れもないバズーカⅡを「増税を促すメッセージ」と受け止めたようだった。実はこのころ、安倍と菅は増税延期を掲げて総選挙に打って出る腹をすでに固めていたとみられている。

官邸に事後報告に行った財務省幹部は、「総理も官房長官もなぜか不機嫌で、〔追加緩和を〕歓迎していなかった」と漏らす。官房長官室に足を運んだ日銀幹部も、菅が追加緩和をあまり喜んでいなかったことを覚えている。安倍は、八％実施を無理やり押し付けた財務省への不信感を募らせ、菅も「黒田はやはり財務省の人間だ」と警戒していた。

一一月、党内外の「増税実施論」を吹き飛ばすように、安倍は再増税の時期を一年半先送りし、その判断について国民の信を問うとして衆議院を解散し、一二月一四日の総選挙でまたも大勝利を収めた。

かくして「安倍一強」と呼ばれる政治体制が築かれていく。

財政再建こそが命綱

年が明けて二〇一五年二月一二日、首相官邸で経済財政諮問会議が開かれた。出席した黒田は、自らの発言を議事録に残さない「オフレコ扱い」とするよう求めたうえで、こんな話をした。

「欧州の一部の銀行は日本国債を保有する比率を恒久的に引き下げることにした。［財政再建に］もっと本腰を入れてやらないといけない。リスキーな状況になってきている」

前年暮れの一二月一日、米信用格付け機関のムーディーズ・インベスターズ・サービスは日本国債の格付けを上から五番目の「A1」に引き下げると発表した。

まさに増税の延期が正式に決定した直後のことで、「財政赤字削減目標の達成可能性に関する不確実性の高まり」がその理由だった。この結果、かつて最上位の「Aaa」を誇った日本国債はG7でイタリアに次いで低い格付けとなった。

このショックに加えて、一〇年代前半の欧州債務危機への反省から、民間金融機関に対し、国債の保有額に応じて自己資本を積み増すべきだという規制強化案が、ドイツなど欧州の一部から出されていた。

日本国債への信認が低下するなかで、国債そのものが「リスク資産」と見なされるようになると、国債の価格が暴落し、長期金利が急騰しかねない。

黒田のオフレコ発言は、財政健全化への取り組みを首相に促す「警告」だったのである。

危機感を抱いた黒田は、このあとバーゼルの会議で再び「大立ち回り」を演じた。前述のTLAC規制に続き、ドイツやオランダが提案した「ソブリン・リスク(国の信用リスク)」を反映させる新たな資本規制案についても真っ向から反対し、その後二年近くかけてこれを撤回に追い込んだのだ。

関係者は「国際規制を使って南欧諸国の財政健全化を図ろうというのがドイツの狙いだった。そんなものを呑むわけにいかない、日本で言えば「地方債問題」のようなものじゃないか、と黒田さんは突っぱねた」と証言する。

会議の席上、黒田が「激しく机を叩きながらドイツに反論し続けた」(関係者)ことは、理事会でも、その後の日銀でも語り草となっている。

一五年三月一九日、自民党本部で「財政再建に関する特命委員会」が開催された。政権与党として財政運営のあり方を検討するため、この年の二月に発足し、安倍の秘蔵っ子といわれた政調会長の稲田朋美が取り仕切っていた。

八回目の集まりとなったこの日、ヒアリングに呼ばれたのが企画局長の内田である。理事の雨宮とともに異次元緩和を設計したその手腕は日銀の外でも知られつつあった。

財務省幹部に続いて説明に立った内田は、日銀が国債発行額の九割を買い入れている現状について「財政ファイナンスかどうかを決めるのは金額の多寡ではなく、その目的である」と説明し、「日銀は財政を助けるためではなく、金融政策のために国債を購入しているのだから財政ファイナンスではない」と言い切る。そしてこう付け加えた。

「これは裏返せば、金融政策の目的を超えて国債を買うことはない、ということです。物価上昇率が安定的に二%になるまでは金融緩和を継続するが、それが実現すれば国債の買い入れはやめる。それが、日銀が財政ファイナンスを行っていないということの意味です」

会合には、細田博之、鈴木俊一、河野太郎、リフレ派の山本幸三ら有力議員がずらりとそろっている。彼らを前に、「国債買い入れ停止」の可能性に言及したのである。

続いて、BNPパリバ証券エコノミストの中空麻奈が説明に立ち、日銀による国債の買い入れに懸念を示したことから、積極財政派議員との間で激しい議論となる。その延長線上で、日銀の見解を問われた内田はさらに踏み込んだ。

「日銀による国債購入が財政ファイナンスではないかと疑われているのは知っている。そして、財政ファイナンスではないとわれわれが説明しても信じてもらえるとは思っていない。何故ならば財政ファイナンスかどうかは出口が来るまで判別できないからだ。よって、今の段階で信じてもらうことはできない。だからこそ、二％目標を安定的に達成したあとは、国債は購入しない。目標達成後まで日銀をあてにしてもらっては困る」

「あてにするな」とは、つまり政治の責任で財政再建に取り組めという意味である。さらにやり取りは続いた。

議員「一六年度には二％を達成するとのことだが、財政が現状のままだと［出口は］どうなるのか」
内田「一度二％になっただけですぐに国債買い入れを停止するわけではない。出口は二％達成より早いことも遅いこともあり得る」
議員「財政再建が量的・質的金融緩和の前提ということか」
内田「その通り。政府が財政再建をすることが、今の金融政策と出口の前提となっている」

これを聞いたオブザーバーの土居丈朗慶應義塾大学教授が「出口戦略とは国債の買い入れ停止だけか」と突っ込む。内田は「それに答えるのは時期尚早」と言いながらも、こう解説した。

「まず短期金利を上げる必要がある。［日銀］当座預金の金利を上げることになるだろう。また、バランスシートを縮小していかなければならない。ただ、国債を売却していくのはインパクトが大きい。償還にまかせるのか、どうするのか。縮小のペースは考えていかなければならない。これは二％をキープするために整合的なイールドカーブ［利回り曲線］を作る作業であり、そのためのツールが短期金利の引き上げと長期金利［誘導］のためのバランスシート調整になる」

バランスシート調整とは、大量の国債買い入れで肥大化した日銀の資産を正常なレベルに戻していく作業のことだ。さすがに言い過ぎたと思ったのか、内田はここで「日銀が何かを言うと、それが前提となってマーケットが動いてしまう。今の段階では何も言えない」と断り、ひとまず説明を打ち切った。

内田発言は、極めて重要なシグナルだった。いずれ来る異次元緩和の出口では、まず日銀当座預金に付利している金利水準を引き上げることで短期市場金利を底上げし、長期金利についても「二%水準に見合ったレベル」に誘導するため日銀のバランスシートを適宜圧縮していく、と初めて示唆したからだ。

土居はすかさず「国債を売らないかどうかは決まっているのか」と、資産圧縮に国債の売却という選択肢があるのかどうか追加質問をする。

内田が「決まっていない」と答えると、リフレ派議員の山本が声をあげた。

「国債売却なんてありえない。俺が売らせない」

会場は水を打ったように静まり返る。日銀による売却は国債の暴落を招きかねない。委員会でのやり取りは、「対外言及不可」扱いとして、封印された。

異次元緩和に潜む魔力

二〇一五年の春は陽ざしに恵まれ、高温が続いた。「バズーカⅡ」から半年が過ぎ、平均株価は四月二二日に二万円台を回復、円相場も一ドル＝一二〇円前後で安定的に推移していた。

そんな中、企画局が五月、異次元緩和の効果を自ら分析し、公表した。検証の結果、量的・質的金融緩和は実質金利を「一%ポイント弱」低下させ、これを基に経済モデルで試算すると需給ギャップは一～三%ポイント、CPI上昇率は〇・六～一%ポイント改善することが分かり、それぞれ実績値に近かった、という内容である。

局長の内田は、金曜日恒例の局長会議でペーパーを配付し、「各種の金融経済指標は想定されたメカニズムに沿った形で変化したことが確認できた。とりあえずうまくいっている」と成果を強調した。

二度にわたる大規模緩和により、日銀の資産残高は一三年三月末の一六四兆円から二年間で三二三兆円とほぼ倍増した。保有長期国債は九一兆円から二二〇兆円に膨張し、一方で当座預金も五八兆円から二〇一兆円に急増した。

つまり民間金融機関は大量の国債を日銀に売り、代金の大半を日銀に預金したことになる。マネタリーベースは急増したが、肝心の銀行貸出はリフレ派が予言したほどは増えなかった。

これほど大規模な量的緩和を円滑に実現できた理由が二つある。一つは日銀当座預金に利息を付ける仕組みを黒田体制でも継続したこと、もう一つは日銀が民間金融機関の国債を「言い値」で買い続けたことだ。

量的緩和を導入した速水優《はやみまさる》総裁や次の福井俊彦総裁の時代には、国債買い入れの予定額に応募が満たない「札割れ」がしばしば起きた。当座預金には金利がつかないため、必要最小額を超えて積もうという動機が民間サイドになかったためだ。

その後、白川方明総裁の時代に、当座預金のうち「超過準備」に〇・一％を付利する「補完当座預金制度」が導入され、金融機関にとって預金を積み増す〝インセンティブ〟が整う。確実に〇・一％の収益を生み、しかもリスクのない運用先は少ないため、実需を伴わない「過剰なマネー」は自動的に当座預金に積み上がっていった。（民間金融機関は預金など債務の一定割合を「準備預金」として無利子で日銀に預け入れることが義務付けられている。この法定の準備預金額を超える部分を超過準備と呼ぶ）

日銀にとっては、売出手形を出さなくても余剰資金を回収できる便利な仕組みであり、付利制度が持つ「自動吸収メカニズム」が働いた結果、当座預金だけが大きく膨らんだとも言える。ただ、当座預金が二〇〇兆円を超えると、〇・一％の付利は金融界に年間二〇〇〇億円程度の〝補助金〟を与える計算になる。また、長期国債の買い入れについても、日銀は応札が予定額に達するまで「言い値」で買わざるを得ない仕組み（コンベンショナル方式）となっているため、市場実勢を上回る「高値買い」が常態化していた。

企画ラインOBは「最初に量を決めて、何でもいいから買うとなると、市場に対して中立的なオペレーションではなくなる。民間への補助金という側面がある」と指摘する。金融調節を担当する幹部も「金融機関が儲かるように［日銀が］買っているのは事実」と打ち明けた。

中央銀行がミクロの資源配分に過度に関わることは、議会の決議を経ずに財政支出するのと同義になり、財政民主主義のルールに反すると一般に考えられている。

もとより、量的緩和も付利制度も資源配分を意図したものではないが、そのレベルが「異次元」に拡大すると、民間への所得移転は無視できなくなる。異次元緩和は、中央銀行が財政の領域にどこまで踏み込むべきかという根源的な問いも投げかけていた。

もう一つ、異次元緩和がもたらしたリスクがある。将来、緩和の出口に際し、日銀自身が深刻な財務危機に直面しかねないことだ。

自民党の会合で内田が漏らしたように、出口ではまず国債など資産の買い入れを段階的に縮小し、その後資産を売却するか、あるいは資産を保有したまま当座預金の付利金利を引き上げる公算が大きい。

仮に長期金利が上昇すると、日銀が保有する国債に数十兆円規模の含み損が発生する。日銀は国債の満期保有を前提にした会計基準(償却原価法)を二〇〇四年度から採用しており、国債を満期前に売らなければ含み損は実現しないが、もともと市場実勢より高値で買っているため、仮に満期まで保有しても損失発生は免れない。

一方、国債を抱えたまま当座預金への付利金利を引き上げるとどうなるか。

このまま資産の膨張が続き、仮に超過準備が四〇〇兆円に達した時点で金利が二％上がると、利払い負担はざっと八兆円増える。これに対し、保有国債の運用利回りは大幅に低下しているため、日銀は深刻な「逆ザヤ」に直面し、巨額の赤字が自己資本を食い潰して債務超過に陥る可能性がある。加えて、ＥＴＦに関しても、平均株価が一定水準を下回れば含み損が発生し、減損処理が必要になる。

このため、企画ラインは引当金制度の早急な拡充が必要だと判断し、一五年一〇月二七日の政策委員会（通常会合）に次のようなペーパーを提出した。

一、出口局面では、保有国債の償還、資金吸収オペレーションの活用、超過準備に対する付利金利引き上げ等を含む諸対応により、収益が下振れ、状況によっては赤字となる可能性もある

二、本行の財務の健全性を確保する観点から、本行の引当金制度を整備し、収益が上振れる局面ではその一部を積み立てたうえで、将来、収益が下振れる局面では取り崩すことが考えられる

三、上記の対応を可能とするよう、財務大臣に対して（中略）引当金制度に関する検討を要請

するこことしたい　　　　　　　　　　（企画局作成「引当金制度に関する検討要請」）

政策委員会はこれを了承し、日銀は翌月、財務省に制度の拡充を要請した。引当金の拡充は国庫納付金の減少につながることから財務省内には異論もあったが、結局、日銀法施行令の改正に応じた。

これを受けて、「債券取引損失引当金」が急ピッチで積み立てられるようになる。ただ、残高は一七年度末で三兆六〇〇〇億円しかなく、二二年度末にようやく六兆円にたどり着いた。日銀の財務悪化が、円の信認にどのような影響を及ぼすのか、実は誰も確たる見通しを持っていない。短期間の債務超過であれば何の問題もないという専門家もいれば、「日銀財務の不健全さが公然と語られること自体がリスク」と心配する向きもある。

一九九八年の日銀法改正に伴い、政府による損失補塡条項は廃止され、追加出資はできないことになっているが、万が一、財政資金をつぎ込むような事態になれば、日銀の独立性は「絵に描いた餅」となりかねない。さらに国庫納付金の大幅減や消滅という形で実質的な国民負担が明るみに出た時点で、大きな政治問題となるのは避けられない。

黒田は当初、通貨発行権を持つ日銀が資金繰り破綻することはないとして、財務問題を軽く見ていた。だが、事務方と議論を重ねるうちに「短期的な赤字はともかく、国会で資金注入という議論に火がつく事態は避けたい」と考えるようになった、と関係者は話す。

異次元緩和には、営々と築かれてきた日本銀行の組織を弱らせていく「魔力」が潜んでいるのではないか――。漠然とした不安が、現役やＯＢの間に広がっていった。

「量の次はマイナス金利」

黒田の願いもむなしく、二％の物価安定目標は逃げ水のごとく遠のいていく。

原油価格暴落の影響でＣＰＩ上昇率はその後も縮小を続け、二〇一五年四月には消費税増税の影響を除きゼロ％に戻ってしまった。日銀は春の展望レポートで二％達成時期を「二〇一五年度を中心とする期間」から「二〇一六年度前半ごろ」に先送りせざるを得なくなる。

六月四日に開かれた日本銀行金融研究所主催の国際コンファレンスで挨拶に立った黒田は、「期待への働きかけ」の大切さを改めて訴えた。

「ピーターパンの物語に、「飛べるかどうかを疑った瞬間に永遠に飛べなくなってしまう」という言葉があります。大切なことは、前向きな姿勢と確信です」

このころから、黒田は「二%実現のために必要となれば、躊躇なく調整を行う」とメッセージを発し始める。

振り返れば、黒田の口から「マイナス金利」という言葉が出たのは、追加緩和が行われた一四年の秋ごろだった、と幹部の一人は記憶する。

情勢判断をめぐる議論の中で、黒田は笑いながら突然こう言った。

「量の次はマイナス金利もある。企画局は嫌がるだろうがな。ガハハハ」

冗談とも本気ともつかない総裁の一言に、出席者は互いに顔を見合わせた。総裁の視野にはもう次の一手が入っているのか、と。

マイナス金利とは、民間金融機関が中央銀行に預ける当座預金の適用金利をマイナスに設定するという、究極の「非伝統的金融政策」だ。

一二年七月にデンマーク国立銀行が欧州債務危機に伴う自国通貨クローネの上昇を防ぐために導入し、一四年六月には欧州中央銀行(ＥＣＢ)が実施。これを受けて同年一二月にスイス、その後スウェーデンへと広がっていった。多くは自国の通貨高防止が目的で、ＥＣＢでは物価下落に歯止めをかける狙いが込められていた。

通常、金利はゼロ％以下には低下しない。もしマイナスになると、預金は時間とともに目減りするため、家計や企業は預金を一刻も早く解約し、現金に換えようと動く。取り付けに遭った金融機関は次々と倒産し、金融システムは崩壊する、と一般には考えられている。

ただ、現実には多額の現金を輸送したり、安全に保管したりするにはそれ相応のコストがかかる。このため、そのコストに見合う分だけマイナス金利をかけることは実務的に可能であり、欧州の中央銀行はそのぎりぎりのラインを意識しつつ、ゼロ金利制約を超える「究極の利下げ」に挑んでいた。

黒田は、海外出張するたびにＥＣＢから「マイナス金利はうまくいっている」と聞かされ、そのつど企画ラインに情報を下ろしていた。

ある者は「マイナス金利って面白いよな、と総裁に言われた」と言い、またある者は「各国で採用されており、さほど慎重に考える必要はない。やれるならやってみてはどうかと総裁は考えていた」と話す。

企画ラインで「マイナス金利」の研究が始まったのも、黒田の最初の発言とほぼ同じころだった。ＥＣＢなどマイナス金利の先行事例を調べるのが当初の狙いとされた。

このあと日本でも、二度の「バズーカ」により短期金融市場でマイナス金利が偶発的に発生し始める。その金利形成メカニズムも新たな調査対象となり、その後、一五年の初夏になると金融市場局、業務局、システム情報局の幹部が招集され、より実務的な検討がスタートした。政策金利をマイナスに誘導した場合、日銀ネットや公開市場操作にどう影響し、マイナス金利をどう記帳するかについて確認するのが目的だった。

振り返って、幹部の一人は「事務方が熱心に研究したのも、総裁がそういう意識を持っていたからだ。総裁は社長であり、社員は社長の考えを忖度して動いている」と解説した。

長期戦か、出口の一歩か

企画局の先行事例研究は、関連部局を交えた極秘の実務調査を経て、二〇一五年初秋に最初の研究結果として上層部に報告された。

節目節目に報告を受けていた企画担当理事の雨宮は、早くから「長期戦に備えたオプション」としてのマイナス金利に着目していた。二%目標が未達成のまま、量の拡大が持続できなくなるケースを見据え、「いずれ量から金利政策に戻さなければならなくなる」と考えていたのだ。

二度にわたる大規模緩和の結果、日銀が保有する長期国債は発行残高の三割を超え、一五年度末には三〇〇兆円に達する見込みとなっていた。とりわけ追加緩和で設定した年間八〇兆円の買い増し額は、一般会計予算の国債の新規発行額三四兆円をはるかに上回る。これを続けた場合、発行残高に占める日銀の保有比率は一六年末に四割を超え、一七年末には五割を超える見通しとなっていた。

国際通貨基金（ＩＭＦ）も「現行ペースの買い入れは一七年から一八年に限界が来る」とのペーパーを八月に公表し、日本経済研究センターは「一七年前半には限界に達する」との推計値を発表した。

雨宮は「乾坤一擲はあるが、乾坤二擲という言葉はない」という表現を使い、量の拡大に依らない新たな手法を考えるよう部下たちに指示する。国債発行残高を見れば、八〇兆円が「サステナブル［持続可能］な数字でない」ことは、誰の目にも明らかだった。

これに対し、マイナス金利を「長期戦」への備えではなく、別の用途に使えないかと考えた者もいた。マイナス金利には利下げ効果とは別に、当座預金を減らす効果がある。これをうまく使えば「量の正常化」、つまり異次元緩和の「出口への第一歩」に使えるかもしれない、という着想である。

初期の研究報告を聞き、そう気づいたのが副総裁の中曽だった。福井時代に量的緩和解除の実務を担った中曽は、「リザーブ[当座預金]が大きくなりすぎると出口から出られなくなる」と周囲に言い、バランスシート圧縮の必要性を早くから口にしていた。

もし二%目標の達成が視野に入ってきた場合、次のテーマは、いかにして混乱なく当座預金を減らし、金融政策を正常化させるかに移っていく。その際、「マイナス金利を活用すれば、金融緩和を継続するスタンスを保ちながら超過準備を減らすことができる。こんなうまい組み合わせはほかにない」と中曽は思った。

ECBでは、法定準備額を超える超過準備全体にマイナス〇・三%の金利を適用していた。マイナス金利の下では、預金を預ける側が罰則金利を取られるため、民間銀行は損失回避のために当座預金を取り崩し、貸出や有価証券投資などに資金を回す可能性がある。つまり緩和効果と量の圧縮を同時に見込めるのではないか、と中曽は考えたのだ。

このあと、ECBに続いてスイスが自国通貨高防止のためにマイナス金利を導入するが、その手法は超過準備を二つの階層に分け、その一部にだけマイナス金利を適用するという比較的穏便な案だった。この方式なら民間銀行の収益悪化を抑えながら、超過準備の緩やかな圧縮とスイスフラン高防止の両立が可能になる。

欧州駐在員らからの追加報告を見て、中曽は「出口に力点を置くならECB型、緩和強化を重視するならスイス型というふうに整理していった」と回想する。

マイナス金利に対する雨宮と中曽の考え方は、一見似通っているが、「緩和の出口」が視野に入っているかどうかで全く異なっている。

雨宮は、出口には依然、ほど遠いと考え、むしろ長期戦に備えるために政策の主軸を量から金利にスイッチしようと考えた。一方の中曽は二%達成後をにらみ、出口の初期段階から超過準備を圧縮するために、マイナス金利という「ディスインセンティブ(阻害要因)」を金融機関に与えようと狙ったものだった。

追い詰められた企画ライン

長期に及ぶマイナス金利の研究は、結局、雨宮のイメージする「追加緩和」の方向へと収斂し、中曽にとっては「出口と全く逆の使い方」をせざるを得なくなっていく。

夏場以降、上海株式の暴落が世界同時株安へと発展し、その後、中国人民元の切り下げ観測を背景に円高・株安の流れが急速に強まっていったためだ。

CPI上昇率もゼロ%近傍に張り付き、二〇一五年一〇月末の展望レポートでは、二%目標の達成時期を「一六年度前半ごろ」から「一六年度後半ごろ」とさらに先送りせざるを得なくなった。「躊躇なく調整する」と言い続けた黒田は、市場から追加策を急かされる羽目になる。

ただ、マイナス金利を日本で実施するためには、なお克服すべき課題が残されていた。

欧州と異なり、大規模な量的緩和を先に実施した結果、当座預金残高は秋の時点で二五〇兆円近くに膨張していた。仮にすべての付利金利をプラス〇・一％からマイナス〇・一％に引き下げると、単純計算で年間五〇〇〇億円の民間の収益が吹き飛ぶ。これまで異次元緩和が実行できたのも、民間金融機関が長期国債を日銀に売却し、当座預金の拡大に協力してくれたからであり、「恩を仇で返す」わけにはいかない。異次元緩和にマイナス金利を上乗せするためには、それ相応の工夫が必要だった。

検討を託された内田が、「分かりました」と勇んで飛び込んできたのは一〇月ごろだった、と雨宮は記憶している。

政策参謀である内田は、スイス型を参考に当座預金を二つの階層に分け、このうちマイナス金利の適用額を限界まで小さくする構想をまとめ上げた。

二層構造の下では、マイナス金利が多く適用される銀行と、ゼロ％の適用枠に余裕のある銀

第三章　船を乗り換える時

手前から雨宮正佳日銀副総裁，黒田総裁，若田部昌澄副総裁(2019年7月8日，日銀支店長会議で，©共同通信社)

2016年4月	熊本地震
8月	天皇が生前退位の意向示唆
17年6月	14歳棋士の藤井聡太四段が29連勝
18年6月	シンガポールで初の米朝首脳会談
19年5月	天皇即位，「令和」に改元

マイナス金利の「発煙弾」

二〇一六年の正月は、想定を超える「チャイナショック」で幕開けした。

中国経済の減速懸念から一月四日の上海市場で株価が暴落し、導入されたばかりのサーキットブレーカー(取引停止)が発動する。東京市場での大発会も前年末比五八二円安で引け、その後も一万七〇〇〇円割れに向けて売られ続けた。

下げ幅は一カ月余で三〇〇〇円近くに達し、一ドル=一二〇円台だった円相場も一一七円台に急上昇した。もはや待ったなしの状態である。

理事の雨宮正佳と企画局長の内田眞一はただちにマイナス金利の検討を再開し、政策企画課も準備に入る。副総裁の中曽宏は一月半ばからローマで国際会議に出席し、ECBとスイス国立銀行から「階層構造」の実効性について見解を聞くことにした。

企画ラインはほどなく三つの選択肢をまとめ、首脳部に提示する。第一が、国債の買い増し額を現行の年間八〇兆円から一〇〇兆円に引き上げる案。第二が、一〇〇兆円への引き上げとマイナス金利を併用する案。第三が、現行の「バズーカII」を維持しつつ、二層構造のマイナス金利を付加するという案だった。

事務方の「一推し」は、もちろん三番目だ。これ以上の量の拡大は難しく、長期戦への備えが必要だ、マイナス金利ならさらに「深掘り」することも可能で、緩和限界論を乗り越えられる、と説明した。

一番目の一〇〇兆円は、もともと岩田規久男らリフレ派の案だったが、企画ラインは「もし一〇〇兆円でも効かなかったら、量的緩和そのものの否定になる」と言い、第二の併用案についても「マイナス金利の効果を見極めるには、二つを交ぜない方がいい」と献策した。最初の二案の問題点を指摘することで、第三の案に誘導する作戦を立てていたのだ。

企画ラインのプレゼンテーションに、黒田東彦はじっと耳を傾けた。

もとよりマイナス金利には関心を持っていた。市場で早期実施を予想する声はほとんどなく、このタイミングで導入すれば相当な「サプライズ効果」が期待できる、うまくいけば一気に局面を転換できるかもしれない――。そんな期待と打算が首脳部に広がった。マイナス金利への流れがこうして加速していく。

そんな最中の一月一八日、黒田が参議院予算委員会で思わぬ質問をぶつけられた。

「金融緩和策で温存されているカードが一枚あります。超過準備に対して付けている金利をゼロにするか引き下げる、このカードをそろそろ切るべきなんじゃないでしょうか」

当時無所属クラブだった中西健治にマイナス金利の可能性を突然問われたのだ。が、黒田は顔色一つ変えず答えた。

「量的・質的金融緩和は所期の効果を発揮している。日銀当座預金への付利は大量のマネタリーベースを円滑に供給することに資するものであり、いわゆる付利金利の引き下げについては検討はいたしておりません」

バズーカⅡと同様、これも〝発煙弾〟だった。すでに内部での検討は進んでいたが、サプライズを重んじる黒田は「鉄面皮」のごとく国会の場で否定した、と複数の関係者がのちに認めている。

この二日後、円相場が一時一ドル＝一一五円台に急騰し、翌二一日の参議院決算委員会で黒田は「現時点で（中略）具体的に考えているということはございません」と再びマイナス金利を否定した。このあと、企画ラインに政策の細部をさらに詰めるよう指示し、スイスのダボスに出張した。

一月二五日。世界経済フォーラム年次総会から帰国した黒田は、緊急会議を招集する。会議には、中曽や一〇〇兆円構想の岩田も参加したが、この日提示されたのは第三の「マイナス金利」案だけだった。「一〇〇兆円」も「一〇〇兆円とマイナス金利の併用」も、事前の根回しによって消されていた。

岩田は当初、国債をさらに買い増すべきだと考えたが、量を増やしても予想インフレ率を引き上げられるか自信が持てず、迷った末にマイナス金利に賛成した、と自身の回顧録に記している。岩田の説得には、雨宮が当たったたという。

下から積み上げられた議論を重んじる黒田は、事務方の推奨案を迷わず選択した。段取り通りに進む鮮やかな展開に、出席者の一人は「まるで歌舞伎のようだ」と感じたのを覚えている。ただ、関係者によれば、この場で中曽がいくつか注文をつけた。

企画ラインの案はスイスに倣った三層構造で、当座預金の一部にマイナス金利、残りにゼロ金利を適用することになっていた。だが、現行のプラス〇・一％の付利がなくなるため、中曽は「銀行へのダメージが大きすぎる」と指摘し、民間の協力を得るうえで「既得権益の保護」が必要ではないかと主張した。また、銀行株が急落する恐れもあるとして、最終案の決定は持ち越しとなった。

中曽はまた、次の金融政策決定会合では、議長が事務局に検討を指示するだけにとどめ、「一、二カ月ほど調整する必要はないのか」と質したが、企画ラインは「問題なく、すぐに実施できます」と答えたという。

会議を受けて、企画ラインは最終検討に入った。局長の内田は「二層あれば十分」と主張したが、理事の雨宮は「マイナス金利の適用先が一部に限られるなど、公平性の点で問題がある」と考え、政策企画課長の正木一博らの意見も聞き、当初案に修正を加えることを決断する。

結局、超過準備のごく一部にだけマイナス〇・一%を課し、残る部分にゼロ金利とプラス〇・一%をそれぞれ適用する「三層構造」のマイルドな案が固まった。「これならマイナス金利の効果を及ぼしつつ、金融仲介機能への負担も最小化できる」と、雨宮は確信した。執行部案が固まったのは、審議委員が外部接触できなくなる「ブラックアウト」入りの直前だった。

一月二九日の政策決定会合はしかし、マイナス金利の是非をめぐって激しい議論となった。賛成派は「マイナス金利と大規模な国債買い入れを合わせれば、より強い効果がある」と主張したが、「買い入れの限界と誤解される恐れがある」「金融機関や預金者の混乱・不安を高める」などと反対意見も根強く、採決の結果、またも五対四の薄氷の決定となった。長期国債やETFの資産買い入れについては八対一で継続が決まった。

終了後、黒田は「量、質、金利の三次元でさらに金融緩和を進めることができる」と強調した。雨宮は周囲に「どうです。うまく考えたでしょう」と胸を張り、別の企画ライン幹部も

「三層構造をさらにきめ細かくし、手当てしたので大丈夫だ」と自信を見せた。振り返って、財務省高官はこう証言する。

「日銀上層部は自信満々だった。雨宮さんも絶対に効くと言っていた」

だが、実体経済は、彼らが考えていたほど単純ではなかった。

黒田体制、最初の危機

「マイナス金利付き量的・質的金融緩和」が発表され、最初の営業日となった二〇一六年二月一日、日銀本店三階の金融機構局に民間金融機関から電話による抗議と面会予約が殺到した。金融機構局は金融システムを担当する局で、取引先金融機関と日々向き合っている。話の大半はマイナス金利に対する不満だったが、なかには無視できない批判も含まれていた。

三層構造の付利制度は二月一六日から適用される予定だが、メガバンクなど一部の銀行は、コンピューターシステムがマイナス金利に対応できず、システム改修に多額の費用と時間がかかるとクレームをつけた。実際、手作業での処理を強いられた銀行もあった。

大手の証券会社と信託銀行は主力の公社債投資信託であるＭＲＦ（マネー・リザーブ・ファンド）の扱いに頭を抱えていた。ＭＲＦは個人が証券投資する際の「決済口座」の役割を担っている。一〇兆円超あるMRFの運用資金は信託銀行が受託しているが、その当座預金にマイナス金利が適用され、MRFの元本割れを引き起こす恐れがあったからだ。

また、MRFに似たMMF(マネー・マネジメント・ファンド)では、安定した資金運用が難しいとして新規の購入申し込みを停止し、繰り上げ償還まで行われた。

「LIBOR《ライボー》」と呼ばれる国際的な金利指標を基準にして貸出金利を決めた融資先への対応も、金融機関にとって一苦労だった。LIBORベースで融資契約を交わした信用力の高い大企業は、「貸出金利も当然マイナスに改定すべきだ」と言い始める。銀行マンたちは一社ずつ説得に回らざるを得なくなった。

金融機構局にマイナス金利の計画案が伝えられたのは決定の一週間前だった。混乱回避に向けて対応策を練るには、あまりにも時間が足りなかった。日銀の各所から「しょせんは机上のプラン。企画局は技に溺れた」と批判の声が噴き出す。

関係者によると、金融機構局長の衛藤公洋《えとうきみひろ》らは、黒田や審議委員らに金融界の訴えを伝え、「言い分をしっかり聞く必要がある。金融機関の協力がなければ金融政策は実行できない」と早急な見直しを訴えた。

この結果、三月の金融政策決定会合ではMRFをマイナス金利の適用対象から除外する特例措置が決まるが、それでも政策の大枠に変更はなく、金融界の不満が鎮まることはなかった。

三層構造により当座預金二五〇兆円の大半にはプラス〇・一％が付利され、マイナス金利の適用は当初一〇兆円程度にとどまった。だが、市場金利の起点がマイナスに設定されたことで長期金利が想定以上に低下し、金融機関の収益環境がさらに悪化したからである。

一〇年物国債の流通利回りは二月九日に初めてマイナスとなり、その後もマイナス圏で推移し続けた。また比較的利回りの高い超長期債に資金が向かったため、二〇年を超える長い年限の金利にも引き下げ効果が及び、イールドカーブの「極端なフラット(平坦)化」が進んだ。

イールドカーブとは、国債の利回りと残存期間との相関関係を示すもので、通常は残存期間が長いほど金利は高く、右上がりのグラフとなる。これが平らになると、短期で資金調達し、長期で運用する金融機関にとって死活問題となる。

一方、黒田や雨宮らが期待した円高抑止効果も、一週間も経たずに霧消した。

決定直後には一ドル＝一二一円台に急落したが、翌週には一一六円台まで反騰し、株価も一〇日後には一万六〇〇〇円を割り込んだ。あれほど否定したマイナス金利を導入したことで日銀への市場の不信感は強まり、国民の間にはマイナス金利という言葉が持つ「負のイメージ」が広がっていく。虎の子の現金を守ろうと、全国で小型金庫が飛ぶように売れ始めた。

企画局は急遽「五分で読めるマイナス金利」を公表し、その効能をアピールしようとしたがかえって失笑を買い、ある幹部は三月の国際会議で「これは完全な失敗だろう」と海外中銀に難じられた。首相の安倍晋三ものちに「マイナスという言葉が持つイメージもあると思うが、ある種の不安が広がったことも事実だろう」(二〇一六年三月二四日、参院財政金融委員会)と認めざるを得なくなる。

二%達成時期の見通しについても、一月の政策決定会合で「二〇一六年度後半ごろ」から「二〇一七年度前半ごろ」へ、四月の会合ではさらに「二〇一七年度中」へと先送りが決まった。黒田バズーカの神通力は消散し、執行部内に「不協和音」が流れ始めた。

振り返って多くの関係者が、「黒田体制で最初にして最大の危機だった」と話している。

高まる不協和音、財務省の懸念

しかし、それでも黒田は「金融政策は金融機関のためにやっているものではなく、日本経済全体のためにやっている。金融機関が賛成するか反対するかで、金融政策を決めるということはない」と強い口調で批判に反論し、必要ならマイナス金利幅をさらに拡大する構えをみせた。

実は何人かの幹部は、国内の金融システムに寄せる黒田の関心が、金融政策や国際金融規制に対するそれと比べて極めて薄いことを早くから案じていた。「金融機関のためのものではない」という激しい表現についても、「思わず本音が出た」と首をすくめた幹部は少なくない。危機感を抱いた金融機構局は、年次報告書の金融システムレポートを示し、金融政策の効果浸透には安定した収益基盤に立つ銀行の金融仲介機能が不可欠なのだ、と黒田への「ご進講」を続けた。

確かに、民間金融機関にとって異次元緩和は重荷となっていた。地方銀行と第二地方銀行の半数以上が本業赤字に陥り、地域経済の疲弊も重なって存亡の危機がささやかれるようになる。焦った地銀は不動産融資に活路を求め、スルガ銀行の不正融資といった社会問題も起きていた。

同じく超低金利に苦しむメガバンクは、収益の大半を海外と債券売買に頼らざるを得なくなり、大規模な店舗の統廃合と人員・業務の削減に追い込まれていく。不良債権からは解放されたものの、金融界全体が「展望なき構造不況業種」と呼ばれ、フィンテックと呼ばれるICT技術を駆使した新金融時代にも取り残されつつあった。

また、政策金利を過度に引き下げると緩和効果が反転し、金融仲介機能などの面で逆効果をもたらす「リバーサル・レート理論」が米国で提唱されたことも、マイナス金利への批判を強める方向に作用した。業界に渦巻く超低金利への怨嗟の声はやがて金融庁に集約され、日銀との定期協議の席で、金融庁側がマイナス金利政策を名指しで非難する場面もあったという。

財務省もまた、マイナス金利の「副作用」に不安を感じ始めていた。短期から長期、さらに超長期まで一斉に金利が下がり、期間が長くても金利水準が変わらない「平坦すぎるイールドカーブ」となった結果、保険や年金基金が運用難に陥るなど広範囲に悪影響が出始めたからだ。また、日銀批判の急先鋒に立つ三菱東京ＵＦＪ銀行が、マイナス金利を理由に国債入札の特別資格（プライマリー・ディーラー）を返上すると突如表明したことも、財務省の危機感をあおった。

奇しくも同じころ、安倍が二回目の消費税の増税先送りを表明し、参議院選挙に臨もうとしていた。このため選挙後にアベノミクスを「再起動」させ、増税路線を確かなものにしようと、財務省内で一時、日銀との共同声明を強化できないか模索する動きが出る。

結局、「ここは動かない方が無難」との判断から立ち消えとなるが、だからと言ってこのまま日銀の〝独走〟を放っておくわけにもいかなかった。

財務省幹部は、二％目標の達成時期をこれ以上先送りすると黒田の総裁任期（二〇一八年春）

を超えてしまう、と日銀側がこのころ心配していたのを明確に覚えている。焦りを強める日銀が〝独り相撲〟に陥らぬよう、何らかのバックアップが必要だった。

七月一〇日の参議院選挙を前に、財務省はマイナス金利の深掘りに対する懸念を日銀側にはっきりと伝えた。そのうえで、選挙後には大規模な財政出動を考えており、「あまり金融政策だけで背負い込まない方がいい」と助言した。

そして選挙の直後に麻生太郎と黒田の会談をセットし、財政と金融による調和のとれた政策運営を確認することも決める。日銀の〝独走〟を止め、「持続可能な枠組み」を検討する時間を与えようという財務省なりの配慮だった。

七月二九日の金融政策決定会合で、日銀は政府の二八兆円規模の経済対策と歩調を合わせ、ＥＴＦの買い入れ額を倍増させる緩和強化策を決定した。と同時に、黒田は「二％目標の実現に今後何が必要か検証したい」として、これまでの政策運営について、九月の次回会合で「総括的に検証する」ことを表明する。

これまで煙幕を張り続けた黒田が、初めて発した針路変更の「事前予告」だった。関係者は「為替介入のようなサプライズ重視の黒田スタイルは、マイナス金利が最後になった」とのちに認めている。

一方、黒田は退任後、マイナス金利により二％達成への道が「曲がり角」に来たとして、「三年余りの政策をオーバーホールして、今後の方向を決めようと考えた」と「私の履歴書」（二〇二三年一一月二五日、日本経済新聞）に記述している。

船を乗り換え、持久戦へ

マイナス金利による「一発逆転」は夢と消え、二％はさらに遠のいた。企画ラインは、六月の英国のＥＵ離脱表明と国際金融市場の動揺を奇貨として、路線転換の準備に入る。

実は雨宮は、マイナス金利の事例研究を指示した際、もう一つ宿題を出していた。「長期金利コントロール」の可能性と妥当性である。

日銀はそれまで「長期金利は操作できないし、すべきでもない」と言い続けてきた。期間一年超の長期金利は、経済の先行きに関する市場の多様な予想と思惑を反映して決まるべきものであり、金融政策の操作対象は短期金利に限定するというのが伝統的な考えだった。

だが、マイナス金利を維持しつつ、平坦になりすぎたイールドカーブに角度をつけるには、長期金利を一定のレベルに「誘導」することが必要になる。雨宮は企画局に「長期金利操作は本当に誤りなのか、海外の論文を調べてほしい」と指示した。

しばらく経って、一本の論文が雨宮のもとに届く。一九六〇年代のドル危機と米国の景気後退に同時対応するため、短期金利を高めに、長期金利を低めにそれぞれ誘導しようとしたFRBの「オペレーション・ツイスト」に一定の効果があった、と米サンフランシスコ連邦準備銀行のエコノミストの論文に書かれていた。

大量の国債を買い続けた結果、日銀が長期金利に及ぼす影響力は格段に上がっている。現実的に考えれば、「操作できないし、すべきでない」状況ではもはやなくなっている、と雨宮は判断した。

そこからは雨宮のほぼ独り舞台だった、と財務省幹部は証言する。

「もう少しでまとまるから、待っていてください」――。そう言いながら猛烈な速さでペンを走らせ、複雑な数式をノートに書き続ける雨宮の姿を、この幹部は鮮明に覚えている。九月初旬、氷川寮で行われた、財務省と日銀の極秘会合での一コマである。

量的拡大から長期金利コントロールへの転換に向けた根回しは、審議委員に対しても入念に行われた。

金融機構局は九月二日、マイナス金利の副作用として、「五年以内に地域銀行の三割強、信用金庫の七割弱でコア業務純益が赤字化」「銀行の貸出システムの金利補正作業や貸出金利ゼロフロア交渉の負担が非線形的に増大」「マイナス金利幅拡大による退職給付債務の増大」などを盛り込んだペーパーを作成した。

これを基に、企画ラインは「イールドカーブを立てる必要がある」と委員への説得を開始する。黒田も九月五日の共同通信社主催の講演会で金融仲介機能に与えるマイナス金利の影響に初めて言及し、これを受ける形で中曽が八日の講演に臨み、「政策の枠組みに修正が必要か否か、必要な場合どのような修正が適当かを判断したい」と枠組み修正をほのめかした。

注目の金融政策決定会合は九月二〇、二一の両日開かれ、まず三年半の異次元緩和について総括的検証が行われた。

それによると、量的・質的金融緩和により「日本経済はデフレではなくなった」としつつも、公約の二%目標を達成できなかったのは、①原油価格の下落や消費税増税後の需要の弱さなどの影響で実際の物価上昇率が低下したこと、②もともと適合的な期待形成の要素が強い予想物価上昇率が、弱含みに転じたことが主因だと分析した。つまり、長くデフレが続いたために人々の物価上昇期待が高まらなかったという理屈である。

一方、マイナス金利についても、イールドカーブを押し下げる効果があった半面、金融機関収益の圧縮や保険・年金の運用難など副作用に留意すべきだと総括した。

こうした分析を踏まえて、二%目標を達成するための新たな枠組みとして、執行部から次のような複雑な政策パッケージが提示され、賛成多数で可決された。

一、操作目標をマネタリーベースから長短金利に変更し、短期金利はマイナス〇・一%、一〇年物国債金利はゼロ%程度に設定する(イールドカーブ・コントロール、YCC)

二、国債の買い入れペースは金利操作目標を実現するよう、年間八〇兆円を「めど」に実施する。買い入れ対象の平均残存期間の定めは廃止する

三、ETFとREITの買い入れ規模は維持する

四、CPI上昇率が安定的に二%を超えるまでマネタリーベース拡大方針を継続する(オーバーシュート型コミットメント)

会合では、まず先行きへの「期待」を強めるため、仮に二%に到達しても、それが安定的に推移するまではマネタリーベースを増やし続けることをコミット(約束)する案が執行部から示された。この「オーバーシュート型コミットメント」は、リフレ派の警戒を解くための一つの

布石だった。

そのうえで、「マネタリーベースの拡大は長期的には意味がある」とリフレ派に配慮しつつ、短期的にはむしろ副作用を抑えながら実質金利の低下を図るべきだとして、操作目標をマネタリーベースから「最も適切なイールドカーブの形成」に変更する案が提示される。短期金利をマイナス〇・一%、長期金利をゼロ%程度に「ピン留め」することによって、イールドカーブを鋭角に修正し、マイナス金利の副作用を軽減する狙いだった。

ポイントは、操作目標を再び量から金利に戻したこと、そして国債の買い増し額が「目標」ではなくなったことだ。リフレ派に気遣い、年間八〇兆円を「めど」として残したが、今後は長期金利「ゼロ%程度」が目標となるため、その水準さえ実現できれば買い入れ額を減らすことが可能になる。枠組み変更の意図について、雨宮は「量から金利へと船を乗り換え、持久戦に入った」と周囲に解説した。

「非伝統的政策」の正統性

決定後の記者会見で、黒田は異次元緩和とマイナス金利の経験から「イールドカーブ・コントロールは十分[実現]できる」と言い、こう見得を切った。

「従来の二つの枠組みを踏まえて、それをさらに強化したものです。(中略)なにか手詰まりになったということはない」

黒田の任期は二〇一八年四月に切れる。後継人事で騒がしくなる前に、とりあえず量から金利に回帰し、長期戦に備えたいと雨宮らは考え、黒田もこれに応じた。

新たな枠組みが金融調節という技術的、実務的な領域に入ったことから、これを境に政策運営の主導権は現場の企画ラインへと徐々に移っていく。

「イールドカーブ・コントロール」という曲芸に近い政策を考案し、名づけの親となったのは雨宮である。「オーバーシュート型コミットメント」を思いつき、詳細設計を担ったのは内田だった。

遡れば、二〇〇一年の量的緩和導入から異次元緩和の策定までほとんどの「非伝統的金融政策」に雨宮は政策当局者として関わってきた。

非伝統的金融政策とは、「短期金利の下げ余地がなくなった段階で、金融政策の操作目標を長めの金利や資産プレミアムなどに広げる手法」である。世界で前例のない「ゼロ金利制約の克服」に挑んだ日銀は、金融政策のいわばフロントランナー役を務めてきた。

ただ、非伝統的という呼称には、〝正統〟を逸脱したという批判的ニュアンスも込められている。事実、雨宮らに対する日銀ＯＢの批判はますます激しくなっていた。「財政ファイナンスにつながる長期金利操作は、ご法度だったはずだ」「短期と長期の二点を固定するのは、金利自由化を追求してきた日銀の思想に反する」と。

非伝統的政策への理解を深めようと、雨宮は自ら筆を執り、翌年一月、講演に立つ。

「歴史を紐解くと、（中略）短期金利のコントロールを起点とする金融政策の枠組みは、確立してからわずか二〇年程度しか経過していないにもかかわらず、伝統的金融政策と呼ばれるようになった」

そのうえで、「平時においては短期金利のみを操作し、長期金利の決定は市場に委ねるべきだが、危機時、あるいは日本のように長年続いたデフレからの脱却といった局面では、中央銀行は平時とは異なる政策を採用する」と言い切った。長期デフレという「非常時」においては、中央銀行と言えども過去の常識に縛られるべきではないという主張は、ＯＢたちへの精一杯の反駁でもあった。

「打ち出の小槌」は存在しない

政策の枠組みが大きく変貌する傍らで、日銀内のリフレ派は着々と勢力を伸ばしていた。黒田体制の発足時に反旗を翻した審議委員が五年の任期を迎えるたびに、安倍はその後継にリフレ派を次々と指名していく。かつて安倍が口にした「対日銀は長期戦で」という決意は、内閣に付与された人事権を最大限活用することだった。

改正日銀法第二三条は、審議委員について「経済又は金融に関して高い識見を有する者その他の学識経験のある者のうちから、両議院の同意を得て、内閣が任命する」と規定している。法改正論議のころ日銀は「バランスの取れた人事になるよう、財務省が捌いてくれると信じていた」(幹部)が、その後の財務省の地盤低下と安倍政権の出現ですべて目算が狂った。審議委員の人選は、いわば首相の「専権事項」となり、財務省も日銀もほとんど口を挟めない状況が続いた。「委員の任期満了が近づくと、首相側近から「次はこの方を指名します」と一方的に連絡が来た」と、財務省幹部は証言する。

内閣官房参与の本田悦朗は、岩田と協議して候補者リストを作成し、「次はこの方で」と安倍に進言していた。本田は日銀内のリフレ派と官邸をつなぐ重要なパイプ役であり、岩田をひそかに首相公邸に招き、安倍と三人で会食したことも何回かあったという。

こうしたチャネルにより、「昭和恐慌研究会」にいた原田泰や三菱ＵＦＪリサーチ＆コンサルティングの片岡剛士《かたおかごうし》、丸三証券の安達誠司らが本田らの推挙で日銀に送り込まれた。

もっとも、リフレ派と思われていた委員が実際はそうでなかったり、リフレ派の中でも「物価よりも雇用の方が大事だ」と言い出したりする委員が現れるなど、必ずしも一枚岩だったわけではない。

例えば、エコノミストの櫻井眞と新生銀行役員の政井貴子は、どちらも岩田の推薦を受けたが、リフレ派ではなかった。特に、日本輸出入銀行(現国際協力銀行)出身の櫻井はオーソドックスな政策論を展開し、年齢の近い黒田の良き話し相手となった。

そんななか、財務省と日銀は二〇一七年夏、リフレ派ではないメガバンク出身の審議委員を誕生させる。「エコノミストや学者ばかり増え、金融の実務や産業界に通じた識者が足りない」との日銀内の不満を背景に、ほぼ一年がかりで三菱東京UFJ銀行役員の鈴木人司を審議委員に押し込んだのだ。

当初「銀行枠など存在しない」と鈴木案に反対していた本田が一六年春にスイス大使に転出したこと、さらに安倍がいわゆる「森友・加計問題」で一時窮地に立たされたことが「リフレ派の一方的増殖を食い止めた」と財務省幹部は解説している。

一方、「量から金利」への転向は、リフレ派にとっては悩ましい問題だった。

とりわけ、金融政策だけでは二%を達成できず、「量から金利」へのシフトにも賛成票を投じた岩田に対しては、さまざまな角度から批判の矢が放たれた。

YCCの採用について、リフレ派の大御所的存在である中原伸之は「日銀内でリフレ派が敗れたということだ」と痛烈に皮肉った。自民党の山本幸三も「国債がなくなったからだとか言うが、僕はあれは好きじゃない」と眉をひそめた。

就任直前の自民党の会合で、岩田は「金融政策だけでデフレは解消できる。成長戦略や構造改革は関係ない」と豪語していた。しかし、退任後に書いた回顧録では、消費税増税で「リフレ・レジーム」が毀損されたため、「短期から一〇年満期の金利を低位に維持することによって需給ギャップを拡大させ、(中略)実際のインフレ率を引き上げるという実績を作ることによって、予想インフレ率を上げるしかなくなってしまった」と釈明した。

また、就任時に「二年二%の達成に職をかける」と国会で答弁した責任についても、野党やマスコミの執拗な追及に晒された。岩田は「深く反省している。まずは説明責任を果たすことが先決であるというのが真意だ」(二〇一四年一〇月二八日、参院財政金融委員会)などと弁明したが、最初の一言に最後まで苦しんだ。

一八年一月三一日の退任前の記者会見で、岩田は「単純にマネタリーベースを増やせばよいと言ったつもりはない」「まだまだ私に対する誤解がある。真意を伝えることの難しさを、この五年間で痛感している」と総括せざるを得なくなる。日銀内の会議でも「金融政策だけでできないこともあった。財政と金融の両輪でやっていくしかない」と語るようになり、退任後は財政政策にウェートを置いた主張に傾いていく。

岩田と同じく、「デフレは貨幣的現象」と安倍に助言していたイェール大学の浜田宏一も、財政拡大の必要性を唱え始め、一六年一一月一五日付日本経済新聞のインタビューで「以前言っていたことと考えが変わったことは認めなければならない」と言って世間を驚かせた。

振り返って本田は「金融が主役で、財政は脇役というのがリフレ派のコンセンサスだった。でも、ちょっと金融に頼り過ぎた。やっぱり両方大事だった」と語る。

一足早く、学者から政策当局者に転じた経験を持つ竹中平蔵はこんな感想を口にした。

「政策を経験して分かるのは、オール・オア・ナッシングはないということだ。政策は「総合」であり、これをやればすべてうまくいくという打ち出の小槌はないわけです」

「ポスト黒田」のうごめき

二〇一六年一一月の米大統領選挙で、ドナルド・トランプが事前の予想を覆し、当選した。EU離脱を決めた同年六月の英国民投票に続く「想定外」に市場は動揺したが、財政拡張への期待から株価と原油価格が急騰し、思わぬトランプ・フィーバーが到来する。

このため、日銀の政策はしばらく長期金利への上昇圧力を押さえ込む方向に力点が置かれた。ただ、それでも国債の買い増しペースは、静かに減速し始めていた。

YCCの導入前から、岩田は国債買い増しのペースが落ちることを警戒し、「量を減らすとか、質を減らすとかいうことは考えられない」(二〇一六年八月四日、記者会見)と牽制していた。また、導入後も「量の重要性は変わっていない」「微調整、減ったとしても微減に過ぎない」などと繰り返した。リフレ派にとってマネタリーベースの拡大は生命線である。

だが、日銀の国債保有比率が高まった結果、一〇年物国債の利回りを「ゼロ％程度」に誘導するために必要な買い入れ額は当然ながら減っていく。価格支配力を握っているため、以前ほど大量に買わなくてもゼロ％に誘導できるのだ。

これにより年間八〇兆円を「めど」としつつも、実際の買い入れ額は一年後には年間五〇兆円ペースにまで減速した。量から金利へのシフトを認めた段階で「何をいくら買うか」という調節方針は金融市場局の裁量に委ねられており、審議委員たちは現場に口を差し挟むことができなくなっていた。
日銀内や市場の一部で「ステルス・テーパリング（ひそかな量の圧縮）」が始まったとの噂が流れ、リフレ派は焦燥感を募らせた。

二〇一七年が明け、「ポスト黒田」がメディアの話題に上るようになる。

黒田の任期は一八年四月八日で切れるが、後継総裁をにらんだ駆け引きはすでに一年半も前から水面下で始まっていた。

例えば、YCCが決まる直前の一六年九月一日、岩田は中原と会食し、総裁人事について意見交換したことを回顧録に記している。

それによると、中原が今後の政策について「ヘリマネ（ヘリコプターマネー）」を考えなければならないかもしれないと指摘したところ、岩田は「黒田総裁はヘリマネは法律上できないと発言しており、ヘリマネを辞さない人が総裁にならなければ実施できない」と返した。すると中原は「それでは、本田さんしかいない」と言ったという。

ヘリコプターマネーとは、中央銀行の国債買い入れを原資として、政府が減税したり、無償で国民に行政サービスを提供したりする政策のことだ。

まるでヘリコプターから紙幣をばら撒くようなもので、最初はミルトン・フリードマンが一九六九年に思考実験として問題提起した。長らく〝禁断の策〟と考えられてきたが、ベン・バーナンキがＦＲＢ理事時代にこれを提唱し、日本でも一六年の夏ごろ、「究極のデフレ対策」として一部の政治家や市場関係者の間でもてはやされていた。

「禁断のヘリマネ」を実現するには本田が適任だとの中原の意見に対し、岩田も「日銀総裁には海外を含めて外に向けた発信力が要請される。したがって、海外の要人と言葉の障害がなく、自由自在にやり取りできる人でなければならない。本田氏はその素質を備えており、金融政策に関する理解も深く、文句なしの総裁適任者であると、私は考える」と回顧録で賛意を示している。

日銀総裁の権限は、一般に考えられているよりはるかに強大だ。

政策委員会における権利は、他の委員と同じ「一票」に過ぎず、二人の副総裁についても「独立して委員の職務を執行する」（日銀法第一六条）との規定により、必ずしも総裁に同調する義務はない。

だが、「総裁を補佐する」との規定を根拠に、法務部門は副総裁に「正副一体となった投票行動」を強く要請する。このため、新法下で正副の票が割れたのは〇七年二月のコールレート引き上げ時の一回しかなく、反対しようとすると「一度だけならともかく、次は日銀法違反になります」と警告されるという。この「正副一体の原則」により、日銀執行部は実質的に三票を確保し、残る審議委員の半数を押さえれば執行部案を議決できる仕組みとなっている。

加えて、日銀には総裁の下に結集しようとする独特の組織風土がある。組織や人事に関する決裁権を握っていることもあり、総裁は「絶対不可侵」とされ、その意に反して政策方針が決まることはまずない。

実際、異次元の国債買い入れに踏み切ったのも、マイナス金利を導入したのもすべて黒田の決断によるものだった。その力を見せつけられた岩田は、総裁交代を「新たなリフレ・レジーム」構築のチャンスと捉えていた。

総裁は再任できないのか

だが、人事の機先を制したのは財務省だった。

二〇一七年五月、財務相の麻生が、黒田の後釜に金融庁長官の森信親はどうだろうか、と事務方に囁いた。首相官邸の信頼が厚く、米ウォール街にも通じた森なら十分務まるのではないかという麻生の問いかけに、財務省内で一瞬さざ波が立ったが、ほどなく麻生は、人事権者である安倍の心中が黒田再任に傾いていることに気づく。

安倍本人が「日銀総裁というのは再任できないのか」と麻生に尋ねたのである。

リフレ派の動向を気にしていた財務官僚がこの話に飛びついたのは言うまでもない。すぐさま黒田に接触し、「求められればお受けする」と前向きの反応を引き出した。

報告を聞いた麻生は、「〔黒田の〕年は大丈夫だろうか」と案じたが、周辺は笑って答えた。

「大臣より黒田さんの方がお若いですよ」

このとき麻生七六歳。黒田七二歳。第二〇代の山際正道以来、実に五七年ぶりとなる日銀総裁の再任は、初夏に行われた二人の会談によって、事実上固まった。

ある日銀幹部は、「岩田と本田がコンビを組み、黒田外しに動いていたので、とにかく早く固めようと思った」と話す。また、財務省の関係者は、将来、路線転換が避けられなくなった場合、安倍を納得させられるのは黒田以外にいないと考えていたことものちに明らかにした。

一方、こうした動きを知る由もない岩田は、思い切った行動に出る。官邸の安倍に宛てて手紙を書き、本田以外に適任者はいないと直訴したのだ。

関係者によると、岩田からの手紙は何回か官邸に届けられ、その写しはすべて官邸側から財務省と日銀に渡されたという。

リフレ派に担ぎ出された本田は、このころまだスイスにいたが、「黒田緩和では不十分だ」と狼煙を上げていた。メディアのインタビューに対しても「今の政策の延長で二％を実現するのは難しい」「もし〔総裁に〕指名されたら全力で二％をめざす」(二〇一七年一一月二八日、朝日新聞)などと総裁への意欲をにじませていた。

だが、黒田の再任は事実上固まっている。このため、安倍は本田を岩田の次の副総裁に据えてはどうかと考え始めた。

驚いた財務省と日銀は、「黒田を批判していた人物を起用すべきでない」「日銀の中に「派中派」を作りかねない」などと激しく抵抗し、最後は正副官房長官まで安倍の説得に乗り出す騒ぎとなった。

結局、一八年の年明けに官房副長官の杉田和博が本田に電話し、こう告げた。

「本田君を副総裁にという意見もあったが、今はスイス大使だから無理だ。ここで替えたら日スイス関係に良くない影響が及ぶかもしれない。ただし、もし意中の人がいたら、推薦してくれないか」

本田は迷わず早稲田大学教授の若田部昌澄の名を挙げた。もし自分が駄目なら若田部を推そうと、あらかじめ岩田と話し合っていた。

若田部は「昭和恐慌研究会」のメンバーであり、岩田の理論を信奉する論客である。本田の推挙により、リフレ派が二代続いて副総裁ポストを確保することになった。

もう一人の副総裁をめぐっても、決定までに紆余曲折があった。

元総裁の福井俊彦が麻生のもとを訪ね、中曽の再任を直接働きかけたのだ。

下馬評では、理事の雨宮がそのまま副総裁に昇格すると見られていた。予想もしない福井の動きに、「黒田を支えた雨宮にOBらが反対した」との噂が駆け巡った。

福井自身、金融危機や量的緩和の解除など豊富な経験を持つ中曽を残留させることが、将来の出口戦略に役立つと考えていた。だが、OBの間に雨宮への不信感が高まっていたのも事実で、雨宮をいったん日銀の外に出した方がいいとの配慮が働いたと見られる。

だが、この福井の働きかけも、中曽自身が留任を固辞したため、あっけなく潰えた。中曽は「調整役である自分は人選の枠外に置き、次は雨宮君でお願いしたい」と早くから官邸に申し入れていた。財務省の強い推薦もあり、雨宮は文句なく後任の副総裁に内定した。

ほどほどの物価上昇が心地よい

二〇一八年四月九日夕。再任された黒田が、首相官邸で安倍と会談した。麻生と菅、経済再生担当相の茂木《もてぎ》敏充《としみつ》も同席した。

安倍は「極めて短期間のうちにもはやデフレではないという状況を作ってくれた」と黒田の実績を称え、「二%の物価安定目標に向けてあらゆる政策を総動員していただきたい。三本の矢をさらに強化していく必要がある」と言った。黒田も「引き続き二%に向けて最大限の努力をする」と笑顔で応じ、共同声明の継続が正式に決まった。

ここで会談の冒頭取材は終わり、記者団が退出したあと、安倍がこんな話を切り出したのを出席者の一人が覚えている。

「黒田さん、達成時期が何度も先送りされるというのはどうですかね」

「達成時期」とは二%目標の達成期限の見通しである。二%はアベノミクスの「御旗」であり、黒田も就任時に「二年程度を念頭に置いて、できるだけ早期に実現する」と約束していた。だが、五年経っても達成されることはなく、見通しはすでに六回先送りされてきた。

安倍の問いかけは、実は「二%の達成時期にこだわる必要はない」というシグナルだった。

この問いかけに黒田は少しも慌てず、海外で採用されているインフレ目標の実施例を挙げたうえで、「いずれの国でも「見通し」は出ていますが、「目標」とまでは言っていません」と説明した。

すると、安倍の隣に座っていた麻生と茂木が割って入り、こう畳みかける。

茂木「総裁、海外と同じようなやり方でいいですよ」

麻生「外国のやり方を参考にしてやってみたらどうですか」

念を押すような茂木と麻生の発言を、黒田は静かに聞いていた。辞令交付という晴れの日に交わされたやり取りは、「達成時期にこだわらない方針」を確認する場となった。


金融政策に対する安倍の関心が薄れつつあることを、日銀は事前にキャッチしていた。

複数の関係者によると、安倍は再任前に黒田と会った際、「二%の達成時期にこだわることはない、中期的な目標で構わない」「あまり目標の先送りを続けると信頼を失う」という考えを伝えていた。

また、別の関係者の話では、退任した中曽が四月二日に挨拶に出向いた際、安倍はこんな話をしたという。

「経済はいいところまで来たし、雇用の安定という意味では政府の目標はほぼ達成した。物価安定は日銀の役割だが、国民は物価の上昇を望んでいるわけではなく、自分としては今くらいの、ほどほどの物価が心地よい」

これ以上、無理して物価を上げる必要はないという驚きの発言だった。

振り返れば、共同声明をまとめる過程で、「二%目標」「達成時期の明記」に人一倍こだわったのが安倍だった。だが、五年経っても目標は達成されていない。

企画ラインの幹部は「アベノミクスの採点表を書くと、雇用も株価も企業業績も合格点だが、物価だけが不合格。それが面白くないのではないか」と推察した。別の幹部は、茂木からもこんな話をされたと記憶している。

「後ずれを繰り返すようなやり方は、経済が改善しているにもかかわらず、アベノミクスが失敗しているとの口実を与える。この際、目標達成時期を掲げるのをやめてはどうか」

もっとも、達成時期の見直しそのものは、すでに日銀内でも検討が始まっていた。

副総裁に内定した雨宮は三月九日、「達成時期の言い方」を再検討するよう企画担当理事に指示を出し、その結果を官房長官に伝えている。当時、調査統計局の見通しは弱気一色で、雨宮自身、「物価は上がりそうにない。時期を示すのはもう意味がない」と考えていた。このため、安倍のメッセージは彼らにとっても渡りに船だった。

再任式で黒田が慌てなかったのもこのためで、官邸から戻ったあと、黒田は「安倍さんも同じことを言っていたからちょうどいい。ガハハハ」と破顔したという。

実はこのころ、達成時期だけでなく、二％目標そのものも取り下げてはどうかという意見すら安倍の周辺では出始めていた。

ある有力閣僚は「二％目標はもういいんじゃないですか」と安倍に持ちかけた、と首相周辺は証言する。スイスにいた本田も「二％は無理だ、一％に落とせと。そうしたら肩の荷が下りるじゃないかと、周りの人がみんな言い始めた」と当時を振り返り、中曽も本田にこんなアドバイスをしたという。

「物価目標というのは、何としても早期に達成すべきものじゃない。欧米のように「中期目標」、あるいは目標に達していなくても状況に応じて機動的な政策運営の余地を残す「フレキシブル・ターゲット［柔軟な目標］」として位置付けるべきじゃないか」

危機感を抱いた本田は、すぐさま安倍にメールを送る。

「二％目標というのは是が非でも達成しなければならないハードターゲットです。ソフトターゲットではありません」「一％だと一つ間違えるとまたデフレに戻る。欧米より低い目標では円高圧力がかかる。絶対に二％を維持してください」

だが、本田自身も、安倍の情熱が就任当時とは変わっているのを敏感に感じ取っていた。実際、黒田に辞令交付した日の参議院決算委員会でも、安倍はこんな答弁をしている。

「私たちの経済政策の目的は何かというと、まず経済を成長させ、仕事したい人が仕事に就けるようにしていくことだ。（中略）その目的を達成する一つの手法として、二％の物価安定目標を掲げている。（中略）ただ、目的においてはかなり達成されつつある」

二％は未達でも政策目標はほぼ達成された、という総括だ。このあと、首相官邸のホームページから「アベノミクス三本の矢」の物価に関する解説文がひっそりと削除される。誰にも気づかれぬまま、二％目標はアベノミクスから事実上切り離された。

この意図について、財務省幹部は「デフレ脱却などと騒ぎ立てず、できるだけ金融緩和を続けたいと総理は思っている。それほど現状は政権にとって居心地がいい」と指摘する。

日銀幹部も「総理は憲法改正を目指していた。国民投票で過半数を得るには、景気が浮揚した状態を保ち、国民が受け入れられる程度のほどよい物価上昇率にとどまることが望ましい、と考えていたのだろう」と分析した。

そのうえで、「政治とはこういうものなのかと驚いた」と、この幹部は述懐した。

それから三週間、黒田の再任後最初の金融政策決定会合で、それまで「二〇一九年度ごろ」としてきた二％の達成見通しが、官邸での「合意」に沿って、文書から削除された。記者会見で黒田は「時期を文章で書くことによって、それと金融政策の変更がダイレクトにリンクしているように（中略）誤解されるおそれがあるということで、削除した」と苦しい説明を繰り返し、「深い意味があって行ったわけではありません」などと記者団を煙に巻いた。

ＹＣＣ修正と若田部の抵抗

黒田再任から三カ月後、企画ラインがついにＹＣＣの「微調整」に動く。

それまで「ゼロ％程度」に押さえ込んできた長期金利について、ごく小幅な上昇を容認するというもので、黒田はこれを「強力な金融緩和継続のための枠組み強化」と呼んだ。

長期金利の変動幅を弾力化したのは、停滞する国債の取引を活発にし、多少なりとも金融機関の収益を「後押し」する狙いが込められている。わずかとはいえ長期金利が上がればイールドカーブは鋭角になり、金融機関の稼ぎは増える。

また、この弾力化と併せて、マイナス金利の対象となる当座預金を半減させ、ＥＴＦの買い入れ額を柔軟に変動させる方針も決まった。いずれも異次元緩和の「副作用」に配慮した措置であり、幹部の一人は「緩和強化を装いながら正常化に近づけるための努力」と評した。

実は、企画ラインは一年前からトランプ・フィーバーに乗る形で長期金利をもう少し弾力化できないか模索してきた。YCCを導入して以来、長期金利はゼロ％を中心に「プラスマイナス〇・一％」の狭い範囲内に閉じ込められていた。

そんな中、黒田が企画ラインとの議論の中で、意外な見解を口にする。

企画局「ゼロ％程度というのは、上下どのぐらいの幅を考えておられるのですか」
黒　田「自分では〇・五から〇・七五ぐらいでも全然ＯＫだと思っている」

この一言に企画ラインが飛びついたのは言うまでもない。

異次元緩和があまりにも長期化したため、国債発行残高に占める日銀の保有割合は約四割に達していた。この結果、国債価格は中央銀行の〝統制下〟に置かれ、景気や物価の先行きを予見する「市場のシグナル効果」が失われつつある、と批判されていた。自由経済に不可欠な市場機能を取り戻すには、一刻も早い柔軟化が必要だったのだ。

だが、具体的な検討が進むにつれて、米中貿易摩擦の激化や北朝鮮・中東情勢の緊迫化など懸念材料が次々と現れ、円高リスクが再び表面化する。円高・株安を嫌がる官邸サイドの慎重意見もあり、企画ラインは検討を中止し、チャンスを待つことにした。

また、一時は柔軟な考えを示した黒田も、「修正が早すぎるリスクに比べ、遅すぎるリスクが本当にあるのか」と企画ラインに問いかけ、拙速な検討にしばしばブレーキをかけた。

もとより日銀内部には、「これまで緩和の修正局面に入るたびに失敗してきた」というトラウマがある。特に二〇〇〇年八月に政府の反対を押し切ってゼロ金利を解除し、その約半年後に量的緩和を余儀なくされた「痛恨の失敗」（幹部）を繰り返してはならないとの思いが、彼らの決断を鈍らせた。

結局、半年以上の待機を経て、フォワードガイダンスで緩和路線を補強しつつ、ごく小幅な金利上昇を容認する折衷案が固まったのは一八年七月である。

フォワードガイダンスとは、将来の政策方針を前もって表明することで市場の予想や期待に働きかけ、緩和効果の浸透を図る非伝統的金融政策の一つだ。この時は、「当分の間、現在のきわめて低い長短金利の水準を維持することを想定」すると声明し、緩和路線を補強した。

だが、リフレ派は当然ながら変動幅の拡大案に反発する。とりわけ強硬に反対したのが副総裁に就任したばかりの若田部だった。

経済学史を専攻する若田部は、リフレ派の仲間内では「自分は理論経済の専門家ではない」と謙遜していた。だが、岩田のリフレ論に心酔し、就任直後の「目標期限先送り」にも最後の最後まで難色を示した。日銀に来たリフレ派の中でも「いちばん量の効果にこだわった一人だった」と日銀幹部は言う。

企画ラインは当初、「プラスマイナス〇・一％」の変動幅を「プラスマイナス〇・二％」に拡大し、この方針を決定文書に明記したいと考えていた。

だが、若田部は「議案として提出するなら反対させていただく」と言い、一歩も譲らない。公表文が出た瞬間に自動売買するよう設定された「アルゴリズム取引」により、株価や円相場が過剰反応するのを警戒していたという。

このままでは正副の票が割れかねないと判断した企画ラインは、新たな変動幅を明記しない妥協案を用意し、その代わり黒田が終了後の記者会見で口頭で補足説明する〝玉虫色〟の妥協策で決着する。関係者によると、若田部は「文書に書くなら反対せざるを得ないが、総裁が記者会見で金融調節方針を語るのは決定会合の決定事項ではない」と言って了承したという。

これにより、七月三一日の金融政策決定会合で示された執行部案には、「金利は、経済・物価情勢等に応じて上下にある程度変動しうる」と曖昧に書かれ、黒田は記者会見で「概ねプラスマイナス〇・一％の幅から、上下その倍程度に変動し得ることを念頭に置いています」と補足説明した。「その倍」とは即ち〇・二％のことだ。

この案をめぐっては二人のリフレ派委員が反対票を投じた。原田は長期金利の「ある程度の変動」を容認することは市場調節方針として曖昧すぎると指摘し、片岡はむしろ金融緩和を強化すべきだと主張した。

若田部は最終的に賛成に回ったが、事前の調整で企画ラインに原案を修正させたことでその存在感を強く印象づけた。その際の張り切りようと決定後の高揚ぶりを見た企画ラインは、以後、若田部の言動を注意深くウォッチするようになる。

バランスシート膨張のジレンマ

量の拡大と三層構造のマイナス金利、そしてYCCと変動幅の拡大——。金融政策体系がかくも複雑になったのは、二％達成に懸ける黒田の執念と、リフレ派に気づかれぬよう「副作用」を抑制せざるを得ない現実との間で、妥協のパッケージを積み上げてきたからである。

異次元緩和の開始から六年が経過した二〇一九年三月末。日銀の総資産は五五七兆円となり、黒田が就任した時の一六四兆円から三・四倍に膨らんだ。

このうち長期国債の保有額は九一兆円から四五九兆円に膨張し、発行残高全体の四割を突破した。ＥＴＦも二九兆円（時価ベース）と東証一部時価総額の四・七％を占める。総資産はすでに前年一一月時点で国内総生産（ＧＤＰ）の規模を超えた。

黒田は「総資産やマネタリーベースに特定の天井があるとは考えていない」（二〇一八年五月二二日、参院財政金融委員会）などと言い続けたが、バランスシートの膨張はもはや無視できない副作用をもたらし始めていた。

第一は、七月の政策修正の背景にもあった市場機能の劣化と資源配分の歪みである。巨額の資産買い入れによる国債やＥＴＦ市場は、中央銀行による管理下に置かれ、「官製相場」と化しつつあった。

特にＥＴＦ買い入れに対する批判は強く、経済協力開発機構（ＯＥＣＤ）は一九年四月、対日経済審査の中で、①日銀がＥＴＦ市場の四分の三を保有し、間接的に上場企業の四〇％において主要株主となっている、②銘柄によって株価が過大評価される可能性がある、③事業戦略や配当ではなく、単に主要指数に組み込まれているという理由だけで企業価値が評価され、市場の規律が損なわれつつある、④大規模な買い入れの結果、ＥＴＦを売却することの困難に直面することが予想される、などと問題点を指摘した。

第二の問題は、第二章でも触れた財政規律の緩みだ。

国債の買い入れは流通市場で行われているが、その大半は発行後ただちに日銀に転売されており、財政法第五条が禁じる「日銀引き受け」に限りなく接近している。（財政法第五条「すべて、公債の発行については、日本銀行にこれを引き受けさせ、又、借入金の借入については、日本銀行からこれを借り入れてはならない。但し、特別の事由がある場合において、国会の議決を経た金額の範囲内では、この限りでない」）

また、長期金利の低下を促した結果、国債発行額は累増したにもかかわらず、利払い費は逆に圧縮され、財政健全化へのモチベーションを後退させる結果となった。国の利払い費は一九八六年から二〇〇〇年まで年間一〇兆円台で推移したが、その後緩やかに減少し、安倍政権下では八兆円前後にとどまった。

黒田は「二％実現という金融政策上の目的で実施しているものであり、財政ファイナンスではない」（二〇一九年五月一四日、参院財政金融委員会）と繰り返し反論したが、結果的に財政規律を緩めたことは多くの日銀幹部が認めている。

そして第三が、マイナス金利以降に深刻化した地域金融機関の経営問題である。長びく緩和による収益環境の悪化と地方経済の衰退により地方銀行などで営業赤字が相次ぎ、金融システムは再び脆弱性を増しつつある。

これら以外にも、金融緩和の出口で日銀自身が財務危機に陥るリスクがあることは前述した通りだ。YCCの導入を機に、企画ラインが金融政策の「正常化」を目指す背景には、こうした事情が隠されている。

八〇兆円をめどとした国債の買い増し額は、一七年に五八兆円、一八年春に五〇兆円割れ、一九年春に三〇兆円割れと段階的に縮小し、一九年の年間増加額は一六兆円弱にとどまった。それでも資産の残高自体は拡大を続けている。また、「量から金利」に転換した結果、長期金利が上昇局面に入った場合、再び巨額の国債買い入れに追い込まれかねない。

官邸一強体制を築いた安倍は、三選を目指した一八年秋の自民党総裁選の討論会で異次元緩和について問われ、「ずっとやっていいとは全く思っていない。何とか私の任期のうちに『出口を』やり遂げたい」と言った。

だが、その勇ましい発言も、翌一九年六月にはこう変わる。

「確かに二%を達成していないが、(中略)本当の目的は雇用に働きかけをして完全雇用を目指していく、そういう意味においては、この金融政策も含め目標は達成をしている、（中略）それ以上の出口戦略云々についてはこれは日本銀行にお任せをしたい」（二〇一九年六月一〇日、参院決算委員会）

二％目標は政治的に棚上げされ、副作用や出口の際のトラブルを含め、すべて日銀だけで抱え込まざるを得なくなった。政治主導による経済運営の、これが現実である。

「反省の弁」と新型ウイルス

二〇一九年は米中貿易摩擦への懸念を背景に年初から市場が動揺し、夏場に入るとＦＲＢが再び金融緩和に舵を切り、円高・ドル安が進行した。

本能的に円高を嫌う黒田は、「先行き物価安定目標の達成に向けたモメンタム〔勢い〕が損なわれる惧れが高まる場合には、躊躇なく追加的な緩和措置を講じる」と市場を牽制し、七月の金融政策決定会合でこの表現を対外公表文に追記した。

さらに一〇月には、長短金利を低めに維持するというフォワードガイダンスも追加したが、手持ちのカードがなくなっていることは誰の目にも明らかだった。企画ラインにとって、「やっているふりをしながら圧力をかわす苦しい時期」（幹部）が続いた。

見かねた麻生が、助け舟を出そうとしたことがある。平成が幕を閉じる直前のことだ。

「二%に行っていないからといって怒っている庶民がいるかと。一人もいないと思いますね。(中略)最初に目標に掲げたのでどうしてもそれをやらざるを得ないという形のものになっているんだと思いますが、(中略)少し考え方を柔軟にやってもおかしくはないのではないのかという感じは率直私もいたします」(二〇一九年三月一二日、参院財政金融委員会)

麻生と同じく、日銀内でも「二%達成は現実的に不可能」「目標そのものを換骨奪胎すべきだ」といった意見は出ていたが、黒田の決意は微塵も揺るがない。

ただ、元号が平成から令和に替わり、最初の冬が近づいたころ、黒田が珍しく「反省の弁」らしきことを口にした。

「確かに私どもの判断が楽観的過ぎた(中略)。政策として間違っていたとは思わないが、予想していたよりも、根強い家計、企業の賃金、物価観というのがそう簡単に転換してこなかったということが一つあるのかなというふうに思っております。これは私どもとしての反省でございます」(二〇一九年一一月二九日、衆院財務金融委員会)

実は日銀は、このころから二%未達の理由として、「物価は上がらないし、上がるべきでない」と考える「ノルム(規範)」が日本社会にあるからだという新たな理屈を言い始めていた。

「期待を変える」はずだった異次元緩和が、いつの間にか「期待が変わりにくいから効果が出ない」というストーリーに変わっていったのだ。

中国湖北省の武漢で「原因不明のウイルス性肺炎」が最初に確認されたのは、偶然にもこの「反省らしき答弁」のころである。

二〇年一月。東京オリンピックイヤー最初の政策決定会合は、物価見通しの大幅な下方修正で始まった。

中国で広がる「新型肺炎」について問われた黒田は、「今の時点でＳＡＲＳや鳥インフルエンザのような影響があり得るとか、その可能性が高いとはみていないが、よく動向を注視していきたい」と答え、「徐々にではありますが、着実に二％に向けて物価上昇率は高まっていく」（二〇二〇年一月二一日、記者会見）と強気の見立てを変えなかった。

だが、新型ウイルスの猛威はアジア、欧州、米国など全世界に広がり始めていた。

日本でもこの決定会合の直前に初の感染者が確認され、二月には横浜に寄港した豪華客船で集団感染が発生、社会を震え上がらせた。政府は矢継ぎ早に感染防止策を打ち出し、自粛ムードの広がりとともに、経済は冷温停止状態へと向かっていく。

電光石火のドル危機回避

雨宮のあと企画担当理事となった前田栄治に「ドルが取れなくなって困っている」とメガバンクの幹部から電話が入ったのは二月下旬だった。黒田体制の発足時に「二％達成は難しい」と直言した前調査統計局長の前田である。

不吉な予感に駆られた前田は、すぐさま金融市場局長の清水誠一を呼び、万が一に備えてニューヨーク連邦準備銀行と連絡を取り合うよう指示した。

新型コロナウイルスの感染拡大に伴い、米短期金融市場ではドル資金が逼迫し始めていた。FRBは二月二八日、利下げを示唆する緊急声明を出し、三月三日の緊急会合で正式決定する。だが、二日後、ニューヨークの平均株価が九六九ドル急落し、その四日後には一時二〇〇〇ドルを超える暴落を記録、株取引を一時中断する「サーキットブレーカー」が作動した。東京でも平均株価が一年二カ月ぶりに二万円を割り込み、円が急伸した。原油価格は歴史的な下落を続け、リーマンショックとは異なる不気味な不安感が世界中に広がっていく。

三月一一日、世界保健機関（WHO）は新型コロナウイルス感染症のパンデミック（世界的大流行)を宣言、トランプ大統領は英国を除く欧州からの入国を禁止すると発表した。ヒトとモノの移動が縮小する不安からニューヨーク株価はさらに二三五二ドル続落した。

メガバンクが早くから悲鳴を上げていたように、ドル不足は三月に入って一段と深刻化し、米国債を担保にドルをやり取りする「レポ市場」は凍りついていた。景気の先行き不安から米国の銀行などが手元資金を厚めにしようとしたためで、メガバンクなど多くの邦銀は想像を超えるドルの調達難に直面した。

日銀の金融市場局は、金融機構局からの情報も踏まえ、ニューヨーク連銀に「通貨スワップ協定」の発動を持ちかけた。この協定は緊急時のドル不足を克服するため、日米欧の主要中銀が二〇〇八年のリーマンショック時に締結した。日欧と米国の間で自国通貨とドルを一時的に交換し、緊急調達したドルを自国の金融機関に供給する。

もともとFRBとECB、スイスの間で交わされていたが、これに日本と英国、カナダが加わり、六つの中央銀行で最大二四七〇億ドル(のち無制限)を供給する体制が整えられた。このスキームを再び発動しようというのが金融市場局の考えだった。

関係者によると、協議では予想外に欧州の反応が鈍く、日銀側は一時やきもきしたが、米側が理解を示し、三月第二週末までに準備が整った。スワップ協定の発表は、日本時間の週明け三月一六日午前六時にセットされた。

ところが、この間の米側との意見交換が、日銀に思わぬ重要情報をもたらす。金融市場局長の清水が、ニューヨーク連銀の不審な言動から「FRBが近日中に追加緩和に踏み切る可能性がある」との感触をキャッチしたのだ。

清水から報告を受けた雨宮は、次週に予定されている金融政策決定会合を繰り上げ、ETFの買い入れ拡大を検討するよう前田に指示する。次の会合は翌週の水曜日、三月一八日にセットされているが、それまでにFRBが動くと日銀は後れを取ることになる。

実は雨宮は、企画局長だったリーマンショック当時、欧米の協調緩和に乗り遅れた苦い経験を持っている。ここは同じ轍を踏んではならないと雨宮は即座に判断したが、意外にも黒田が色よい返事をしなかった。

年八回ある政策決定会合は、無用な憶測を呼ばぬようあらかじめ開催日程が公表されている。それを繰り上げれば、日銀自ら「異常事態」を宣言することになるとして、黒田は繰り上げ開催にしばし難色を示した。総裁を支える立場にある雨宮は、自らの意に反し、前田にこう伝えざるを得なくなる。

「いろいろ考えてみたが、[繰り上げ開催は]やってもしょうがないんじゃないか」――。

だが、この時だけは部下たちも譲らなかった。

清水から情報を聞いた企画局長の加藤毅は、同じくリーマンショック時の反省を踏まえ、「今回は早すぎる、やりすぎだと言われるぐらいやるべきだ」と主張した。前田も「もはや一刻の猶予も許されない」と決断を迫った。

もちろん、雨宮も黒田の説得に全力を挙げていた。加藤と同じく、リーマンショック時の教訓を伝え、ＦＲＢに後れを取ってはならないと訴えた。

黒田が繰り上げに了承したのは三月一五日、日曜日の午後である。翌朝午前六時過ぎにＦＲＢは緊急理事会を開催し、ゼロ金利への復帰を決めた。これを追うように、日銀の政策決定会合も同日早朝にセットされた。

史上初の繰り上げ開催となった政策決定会合では、ドル供給の報告とともに、企業金融支援特別オペ（コロナオペ）の導入やＥＴＦの買い入れ額を年六兆円から当面一二兆円に倍増させる方針が決まる。

これと並行して、日米欧の主要中銀はドル供給拡充を一斉に発表し、日銀は供給を開始した。異例のドルオペは当初の週一回から毎日実施へと変更され、三月二四日には八九二億ドル（約九兆八〇〇〇億円）の資金が放出された。海外向けの貸出や有価証券投資を拡大させていた邦銀にとって、まさに命綱となった。

ほどなく日銀に大手銀行から次々と感謝の電話が入る。ある大手金融機関の幹部は「リーマンの時よりも今回の方が怖かった。本当につぶれるかと思った」と語ったという。日銀の対応があまりにも電光石火だったため、金融システムがこのとき「危機の淵」に近づいていたことを知る者はそう多くない。万が一に備えた現場の判断が金融危機を未然に防ぎ、同時に日米の政策協調という副産物をもたらした。

幹部の一人は「コロナから金融に来たショックが、実体経済に跳ね返らないよう、ここで食い止めようと思った。ああいう時こそ中央銀行が頑張らなければならない」と回想している。

同じころ、米国ではトランプ大統領が緊急事態宣言を発出し、三月一六日にFRBが追加利下げでゼロ金利に復帰した。コロナショックは世界中を覆い、三月二四日、東京オリンピックの開催延期が決まった。

第四章　予想もしない結末

シンポジウムに臨む黒田総裁(左)と植田和男氏
(2016年5月，仙台市内で，© 共同通信社)

2020年	4月	新型コロナウイルスで初の緊急事態宣言
	11月	米大統領選でジョー・バイデン氏勝利
21年	7月	東京オリンピック，1年遅れで開催
22年	2月	ロシアがウクライナ侵攻
	7月	安倍晋三元首相，銃撃され死亡

米国がＹＣＣを避けた理由

二〇二〇年四月七日、東京、大阪、福岡など七都府県を対象に緊急事態宣言が発令された。繁華街から人気が消え、オフィス街はゴーストタウンと化した。

危機感を抱いた政府は、一一七兆円規模の緊急経済対策を策定する。これと足並みをそろえ、日銀も四月二七日の金融政策決定会合で第二弾の緩和措置を決定した。

コロナ禍で資金繰りに苦しむ中小企業を支援する「コロナオペ」に加え、コマーシャルペーパー（ＣＰ）や社債の買い入れを拡充したほか、「八〇兆円をめど」としてきた国債の買い増し目標を撤廃してさらに買い増す構えを打ち出した。（コロナオペの正式名は「新型コロナウイルス感染症対応金融支援特別オペレーション」。中小企業向け融資を実施した金融機関を対象に、日銀がバックファイナンスする。実績に応じて当座預金に特別付利が適用されるなど優遇措置が採られたため、オペ残高は二〇二二年三月のピーク時に八七兆円まで膨らんだ）

黒田東彦は「市場調節方針を実現するために上限を設けずに行っていく。必要なだけ、いくらでも買う」と言い、主要メディアは「無制限買い入れへ」と大きく報じた。

この「八〇兆円めど」の削除は、実は企画ラインにとって大きな前進となるはずだった。今後は「量」を一切気にかける必要がなくなったからで、幹部の一人は「長くのどに刺さっていたリフレの小骨を取り除いた」とひそかに胸を張った。

ただ、この局面での「無制限買い入れ」が結果として巨額の財政出動を支え、「財政ファイナンス」色をさらに強めたのは、紛れもない事実である。

コロナ対策として組まれた二回の補正予算は総額五七兆六〇〇〇億円に上り、その財源は新規の国債発行で賄われた。それでも長期金利が上がらなかったのは、日銀が無制限買い入れの方針を示したからであり、国民一人当たり一〇万円の一律給付も休業補償や家賃補助、学生支援のための給付金も、間接的には日銀の国債買い入れによって実施されたと言える。

かつてYCCの導入直後、FRB元議長のベン・バーナンキが「黒田総裁は政府支出を明示的にファイナンスする、いわゆるヘリコプターマネーには反対を表明したが、国債の金利を無期限にゼロ%とすることはマネタリーファイナンス［財政ファイナンス］の要素を持つ」と自身のブログで指摘したことがある。

日銀の国債引き受けは財政法で禁止されているが、長期金利をゼロ%で固定し、しかも新発国債の大半を市場から買い入れてくれれば、政府は利払い負担を気にせず国債を発行し、財政支出に充てることができる。さらに追加支出のための財源論議も行われなかったことから、一〇万円給付など一連のコロナ対策はヘリコプターマネーそのものだ、と批判する政府関係者は少なくない。

YCCは、実は米国でも検討されたことがある。

二〇二〇年六月に開催された連邦公開市場委員会(FOMC)の議事要旨によると、会議ではFRB事務局が長期金利コントロールについて、①政策が信頼されれば、国債利回りを抑制し、民間金利にも影響を与えうる、②出口を考慮しないですむなら、中央銀行は大量の国債を買わずにすむ――と条件付きで利点を紹介したうえで、次のような「欠陥」を指摘している。

この政策は、特定の状況下で中央銀行に大量の国債買い入れを求める可能性があり、またこの政策の下では、金融政策目標と国債管理政策目標の間に対立が生じ、結果として中央銀行の独立性を危険にさらす恐れがある。(二〇二〇年六月九、一〇日、FOMC minutes)

そのうえで委員による検討の結果、出口が近づいた際にバランスシートの管理が難しくなることに加え、中央銀行の独立性や国債市場の機能という側面から「ほとんどの委員が多くの疑問を抱いていることを示した」と議事録には綴られている。

一九九〇年代の終わり、世界で初めて「ゼロ金利の壁」に直面した日銀は、量的緩和をはじめとする新手法に次々と挑み、「非伝統的金融政策」の先駆者となってきた。だが、ことYCCに関する限り、日銀は世界の手本とはならなかった。

米国を含む主要国でYCCを採用した国はほとんどなく、一〇年債ではなく、三年債を制御しようと試みたオーストラリア準備銀行も、二〇二〇年の導入から二年足らずで金利上昇圧力に遭い、操作を断念した。その後、「撤廃をめぐる混乱で中央銀行への信頼に打撃を与えた」とする厳しい自己総括まで行っている。

日銀内には、「YCCが長期間続いたのは、仕組みが優れていたからだ」と自画自賛する幹部もいる。だが、日本において長期金利をコントロールできたのは、五年以上にわたり日本経済が停滞し、本格的な金利上昇局面が一度も到来しなかったからである。その意味でYCCは、経済の凋落を前提として持続する〝落日の金融政策〟ともいえる。

連携強化への「追加注文」

二〇二〇年五月に入り、首相官邸から新たなリクエストが舞い込んできた。

コロナ危機の中、「政府と日銀が一体となって資金繰りを支援していることをもっとショーアップしてほしい」というもので、安倍晋三の強い意向だった。

首相の指示は財務省と日銀に下ろされ、ただちに検討が始まった。関係者によると、財務省から日銀への働きかけは特に強く、主計局長の太田充が何度も企画ライン中枢に電話を入れ、時に自ら本店まで足を運んで、〝ショーアップ〟への協力を要請した。

これに対し、黒田らも「この局面で政府と一緒にやっていることを世の中に見せるのは必要だ」と同意する。こうして固まったのが、四年ぶりの「共同談話」の発出である。

五月二二日、黒田体制になって初めて臨時の金融政策決定会合が開かれ、中小企業向けの新たな資金供給手段を含む総枠七五兆円の「資金繰り支援特別プログラム」が決まった。

これを受けて財務相の麻生太郎と黒田が夕刻に会談し、「感染収束後に日本経済を再び確かな成長軌道へと回復させていくために、一体となって取り組んでいく」とする共同談話を発表した。

「一体となって取り組む」との表現は、一三年の共同声明と同一である。日銀内では「そこまで書くのか」「共同談話まで出す必要があるのか」といった声も出た。しかし、二人並んでの記者会見で、黒田は「財政と金融のポリシーミックスが行われ、その結果として財政政策と金融政策の相乗効果が働く」と連携を強調し、麻生は「中央銀行と政府がきちんと同じ方向を向いていることはすごく大事だ」と胸を張った。

三日後、安倍は一カ月半に及ぶ緊急事態宣言の解除を発表し、満足そうに語った。

「政府と日本銀行が一体となって、あらゆる手段を講じていく。その決意を異例の共同談話として発表した。正にオールジャパンで圧倒的な量の資金を投入し、日本企業の資金繰りを全面的に支えてまいります」（二〇二〇年五月二五日、記者会見）

首相の表情は、この七年間で日銀を完全掌握したという自信に満ち溢れていた。

一方、黒田もこのあと国際会議などで「今のスキームはオートマティック［自動的］なポリシーミックス」との説明を始めるようになる。

「オートマティックという表現は、さすがにまずいのではないか」との声は企画ラインにもあったが、長引くコロナ禍の下、日銀と財政の一体化は加速度的に進み、もはやYCC抜きに財政運営は不可能な状況になっていた。

首相周辺も「YCCが財政規律を緩めることは最初から目に見えていたが、他に道がなかった」とのちに語っている。

事実、金融政策と財政政策の密接な連携は、日本だけでなく、このころ世界中に広がっていた。コロナ禍で失った需要を補うため、各国政府は前例のない規模で財政出動を行い、中央銀行は国債の買い入れや長期金利の低位誘導でこれを支えた。その結果、国債発行残高に占めるFRBやECBの保有比率も二割から三割に上昇し、急速な「日本化」が進んだが、それでも五割を超える本家・日銀には遠く及ばない。

二〇年六月一六日に開かれた政策決定会合で、ちょっとした「異変」が起きた。議長の黒田に発言を求められた財務省代表が、それまでお決まりとされてきたフレーズを口にしなかったのだ。

七年半前の共同声明以来、政策決定会合に出席した歴代の財務省代表は「できるだけ早期に二%の物価安定の目標を達成することを期待する」と判で押したように言い続けてきた。その後、一五年一〇月の会合で「二%」は消えたが、「物価安定目標の達成」だけは求めていた。だがこの日、財務副大臣の遠山清彦は「企業金融の円滑確保や金融市場の安定維持等に万全を期すことで、金融経済活動の下支えに貢献されることを期待する」と発言し、「物価安定目標」に初めて言及しなかった。

コロナ禍で日本経済は冷温状態に陥り、二%目標はさらに遠のいた。国内に不安が渦巻くなか、「非現実的な旗」を掲げ続けるよりも、コロナ対策など当面の課題に取り組むべきじゃないか――。財務省内のこうした意見は、やがて政府と日銀の「一層の連携強化」を目指す方向へと収斂していく。

三カ月後の政策決定会合で、財務省代表の阪田渉総括審議官はこう発言する。

「総理より、麻生財務大臣に対し、「(中略)政府・日本銀行一体となって取り組む」との指示があった。日本銀行におかれても、これまでと同様に、感染症への対応をはじめ、必要な措置を適切に講じられることを期待している」

共同声明の下で、日銀と財務省は本来、二%達成をともに目指す「パートナー」のはずだった。だが、知らず知らずのうちに、日銀は財政が倒れないための〝つっかい棒〟となり、しかもそれを当然視する声が社会全体に広がっていった。

安倍退陣、菅への急接近

二〇二〇年の夏は、例年にも増して異常気象に苦しんだ。七月の豪雨に続き、八月は猛暑日の連続記録が各地で更新され、浜松では四一・一度の最高気温を記録した。

そんな最中の八月一七日、二〇年四～六月期のＧＤＰが前期比マイナス二七・八%(のちにマイナス二八・一%に下方修正)と戦後最大の落ち込みとなったことが明らかになる。同じ日、安倍は慶應大学病院で七時間の検査を受けた。

そして一〇日後、安倍は持病の再発を理由に突如退陣を表明する。やつれた首相は記者会見で持病の潰瘍性大腸炎が再発したことを明かし、「国民の皆様の負託に自信を持って応えられる状態でなくなった」と説明した。

誰も予想しなかった首相の退陣に、平均株価は一時六〇〇円超下落し、債券相場も急落(金利は上昇)した。長期安定政権のあまりに唐突な終焉に、列島全体が衝撃に包まれた。

振り返れば、憲政史上最長の七年八カ月の間に、平均株価は二倍以上になり、企業業績も雇用情勢も改善した。とりわけ雇用への安倍のこだわりは強く、「アベノミクスで四〇〇万人増えたとペーパーに書いたら、総理に「違う、四四〇万人だ」と修正を命じられた」と財務省幹部は述懐する。

政権発足時に始まった景気拡大は戦後二番目に長い七一カ月に及んだが、この間の平均成長率は一・一%、物価上昇率は平均一%に届かず、生産性の伸びはむしろ鈍化した。一時間に及んだ退陣表明会見で、首相が「アベノミクス」や「大胆な金融政策」といった初期のキーワードを口にすることはなく、政権の金看板は道半ばで幕引きとなった。

安倍の跡を襲ったのは、自民党内の圧倒的支持を得た前官房長官の菅義偉である。故梶山静六を政治の師と仰ぐ菅は、円高・ドル安を嫌い、株高を求める屈強の経済成長論者だ。官房長官時代には、日本株への投資を促すため海外ファンドとの面談に積極的に応じ、円高・株安阻止のため財務省と金融庁、日銀による「三者会合」の新設を指示した。

日銀に対しては、自主性を定めた改正日銀法第三条よりも、政府との連携を義務付けた第四条を重んじ、基本的に安倍と同じスタンスを採る。ちなみに、前述の「政府・日銀一体となって取り組む」との指示を発したのは菅である（一七一頁参照）。

総裁選への出馬会見で菅は「アベノミクスを責任持って引き継ぎ、さらに前に進めたい。日銀との関係も同じように進めていきたい」と言い、九月一六日、新内閣を発足させた。政府・日銀の共同声明についても特段の議論はなく、そのまま継承された。

この翌日、日銀は政策決定会合で異次元緩和の継続を決め、黒田は「政府としっかり連携しながら、政策運営を行っていく」と、二つ返事で菅に呼応する。

と同時に、黒田は安倍のころと同じく、菅とも定期的に会談したいという意向を表明し、この直後、日銀から面会の申し入れが行われた。互いの距離を詰めようと動いたのは、官邸側ではなく、日銀の方だった。

「マイナス金利って何だったんだ」

安倍に続き、菅とも良好な関係を築きたいという日銀の思惑は、やがて政策となって表れる。二カ月後の一一月、地域金融機関を対象とする新たな支援策が決まった。経営統合や経費削減に取り組むことを条件に、日銀に預ける当座預金に年〇・一%の金利を上乗せするというもので、「地銀特別付利(地域金融強化のための特別当座預金制度)」と呼んだ。

具体的には、二〇二二年度までの三年間に、①粗利益に対する経費の割合を四%以上改善するか、②経営統合(合併か連結子会社化)を機関決定した金融機関が特別付利の対象となる。コストの削減や経営統合を通じ、地方銀行の収益基盤強化を促す「プルーデンス(信用秩序維持)政策」の一環だった。

ふるさと納税の創設をはじめ、地方への思い入れが強い菅は、総裁選に出馬した際に「地方の銀行は数が多すぎる」と発言していた。金融庁も地銀再編を後押しするための政策を推進しており、日銀の地銀特別付利は新政権との連携を深める重要な施策となった。

だが、この特別付利は、実は三月にいったん「お蔵入り」した政策だった。

プルーデンス政策を担う金融機構局は当初、春からの導入を目指し、各方面への根回しを進めていた。背景には、三年後に地銀全体の自己資本比率が八％を切るとの試算があり、担当幹部は「国内基準は四％だが、国際標準の八％を下回ると信用収縮が起き始める。それを食い止めるには今から動き始めるべきだと判断した」と振り返る。

ところが、政策委員会での決定を目前にしてコロナ禍が深刻になり、より包括的な金融支援策が必要との判断から金融機構局の提案はお蔵入りとなった。

それが忽然と再浮上した背景に、地銀再編に意欲的な菅の登場があったのは間違いない。担当幹部は「ずいぶん前から検討しており、新政権と連携したつもりはない」と言うが、日銀内では「新政権の流れに乗じ、えいやっと差し込んだ」などと陰口を叩かれた。

というのも、日銀当座預金に〇・一％を上乗せすれば、同幅のマイナス金利は「帳消し」となり、金融政策との整合性を問われかねないからだ。

事実、この案の説明を受けた黒田は、こう言ったという。

「別に反対はしない。でも、マイナス金利政策って一体何だったたんだ」

黒田にも増して、反対の論陣を張ったのは企画局である。「完全な補助金であり、中央銀行がやるべき政策ではない」「これはマイナス金利に対するアンチテーゼ。企画局に対する金融機構局の意趣返しだ」といった批判が噴き出した。

鳴り物入りで翌二一年四月に実施された地銀特別付利は、結局、半年も経たず修正を余儀なくされる。長引くコロナ禍で地銀の融資が急増し、当座預金残高が膨らんだ結果、日銀からの利払い額が当初の想定を大幅に上回る見通しとなったからだ。

事前の検討で、特別付利に伴う支払総額は多くて年七〇〇億円と見積もられていた。だが、実際はコロナオペの急増で当座預金残高が大きく膨らんだため、年間一〇〇〇億円に達する見通しとなった。利払いが増えれば、その分、国庫納付金が減少する。見込み違いを知った首脳部は、もともとの計画に疎漏があったのではないかと憤怒した。

現場は慌てて修正に着手し、一一月一六日の政策委員会で金融機関ごとに支払額の上限を設ける修正案が決まる。

この日の委員会では「付利額の上振れは導入時点で予見可能だったのではないか」「不利益変更と見なされないか」などの質問が出され、金融機構局長の正木一博が「ここまで残高が増加するとは十分認識できなかった」などと釈明に追われた。

委員の中には、「マイナス金利に仕返しする政策を通すために、最初から支払総額を小さく見せたのではないか」「意図的に適用条件を甘く設定し、我々を騙したのではないか」との疑念を抱く者もいた。綿密な制度設計を欠いたまま、流れに乗ったことが前代未聞の「朝令暮改」につながったと言える。

事態を重く見た内部管理部門はただちに関係者の事情聴取に乗り出した。担当幹部は首脳に宛てて弁明の手紙を書き、翌年春の支店長会議で「ご迷惑をおかけした」と陳謝したという。ただ、この枠組みを活用し、全国の地銀は競うように支店の統廃合などを進め、域内の合併・統合も複数実現した。このため、日銀首脳部は「見込み違いはあったが、結果的には成功した」と評価している。異例の特別付利は総額二〇〇〇億円近い〝補助金〟を地銀に与え、二三年三月末に終了した。

ピュア・セントラルバンクの行方

菅政権に振り回された案件がもう一つある。民間金融機関に対する日銀考査と金融庁検査の「一体化」構想だ。

菅が掲げた「縦割り行政の打破」「二重行政の解消」を旗印に、自民党の行政改革推進本部が検査と考査の一体化を持ちかけたのは政権発足から間もないころだった。

行政改革担当相となった河野太郎を党側で支えていた小倉將信（のち少子化対策担当相）が発案し、金融機構局に持ちかけたのがきっかけだったとされる。

菅や河野らを軽視できないと考えた日銀側は、すぐさま金融庁との作業部会を設置し、実施計画の事前調整やデータの共有など具体的な連携案を固めていった。

銀行法などに基づき、金融機関の法令順守体制などを検証する金融庁検査とは異なり、考査は経営の健全性が保たれているかどうかを調べ、必要に応じて経営者に助言する。三年に一回程度行われる立ち入り調査でのチェック項目は多岐にわたり、一九九〇年代前半には考査で判明した不良債権額の方が、査定の甘い大蔵省検査よりも格段に多く、実態を正確につかんでいたと評価された。

だが、新日銀法が施行されたころ、不良債権処理を加速するため金融検査マニュアルが制定され、日銀考査は徐々に「独自性」を失っていく。その後、リーマンショックへの反省から新たなリスク管理手法が求められるようになると、今度は金融庁が日銀を取り込み、自らの体制強化に考査を利用したいと考えるようになった。

一方、検査と考査のダブルチェックを回避したいという金融界の願望も強く、日銀法改正論議のころから考査の見直しを声高に要求していた。今回も自民党の背後にメガバンクの陳情があるのを日銀はかぎ取っていた。

あまりに唐突な一体化構想に、現場の考査部門が反発したのは言うまでもない。政治家の要求に反論もせず、唯々諾々と持ち帰ったのはなぜか、そもそも考査は不要だと考えているのではないか、将来の金融システム不安にどう対応するつもりか——などと上層部に詰め寄った。

これに対し、将来に備えるためにも、むしろ金融庁との連携を強め、オールジャパン体制で臨むべきだとの意見も行内にはあり、双方の対立が続く。

結局、「一体化はできないが、連携は必要」との結論がまとまり、二〇二一年三月、考査と検査の連携を強化するという短い発表文が出された。コロナ禍で金融システム環境が変化するなか、検査と考査を一体的に実施し、民間の「受検負担」を軽減するという内容だった。

ただ、この間、黒田はじめ首脳部がこの問題に関心を示すことはほとんどなかった、と関係者は口をそろえる。党や金融庁との調整を含め、理事以下にほぼ丸投げしたのだ。

日銀では中央銀行の役割を金融政策に特化させ、金融システム問題にはあまり深入りすべきでないという考えが古くからある。これを「ピュア・セントラルバンク」論と呼ぶが、今回の一件は黒田体制下でそうした考えが深く浸透していることを印象づけた。政府との連携強化という号令の下、日銀そのものの「政府機関化」が静かに進行している、との冷ややかな声も行内にはある。

幹部の一人は「金融システムは金融庁の仕事だと総裁は割り切っている。金融政策以外の分野への関心は驚くほど薄い」と話す。実際、前述した国債のソブリン・リスクなど国際金融規制などを除き、黒田が金融システム案件に関心を示した例はほとんどない。金融機構局が大規模緩和に伴う金融システムへの副作用を報告しても、「今の政策を変えるほどの問題じゃないだろう」と言って取り合わなかったという。

これだけでなく、日銀の組織や人事についても、黒田は無関心だった。就任直後に「在任中は組織をいじらないように」と命じた結果、本支店の体制は一〇年間固定された。働き方改革も、海外中銀では常識となったリモートワークもほとんど進まず、「企画局至上主義」がはびこる中、将来に希望を持てない若手が次々と離職した。

ある職員は「いわばCEO不在の状態。トップが組織に無関心というのは、変化を求められる時代に致命的だった」と嘆息する。

ただ、それでも黒田に対する憧憬と畏敬の念が揺らぐことはなかった。

政治経済から国際関係、哲学、歴史、数学に至るまで黒田の知識量は他を圧倒し、国際会議では「森羅万象について語れる稀有な教養人」として各国のセントラルバンカーから尊敬を集めた。総裁室には、書棚に入りきらないほど大量の本が山積みされ、仕事の合間にさまざまな書物を手にする総裁の姿が目撃された。

なかでも留学先だった英国に関する知識は群を抜き、ある審議委員は「英国研究において、総裁は間違いなく日本の第一人者だ」と話す。実際、一六年のＥＵ離脱の際にはわざわざ英国から関係判例を取り寄せ、詳細なレポートを書き上げた。中国や北朝鮮、中東情勢に関する独自の分析に驚いた幹部も少なくない。

やがて企画ラインでこんな黒田評が広がっていく。

「総裁の関心は驚くほど広い。そのうち金融政策が占めるウエートは、せいぜい一割ほどしかないのではないか」

考査と検査の連携強化が打ち出された二一年三月、日銀は「より効果的で持続的な金融緩和について」と題する政策の「自己点検」結果を発表した。ＹＣＣを「自画自賛」し、緩和継続の必要性を強調しながらも、①ＥＴＦ買い入れの弾力化、②長期金利の事実上の変動幅拡大といった細かい修正項目を打ち出したのがポイントだ。

それまで原則年六兆円としていたＥＴＦ購入額の目安を撤廃し、弾力的に買い入れる方式に改める。さらに「プラスマイナス〇・一％程度」としてきた長期金利の変動幅を〇・二五％に広げるという内容で、いずれも正常化に向けた小さな前進である。

異次元緩和を止めるわけにはいかないが、副作用も抑えたいという倒錯した思いが交錯し、金融政策はもはや国民の大半が理解できない難解複雑な形となった。

リフレ派、天王山での敗北

二〇二一年の春から夏にかけて、二人の審議委員が任期を迎えた。

櫻井眞が二一年三月末、政井貴子は六月末でそれぞれ退任する。ひところの勢いを失ったリフレ派にとっては、主導権奪回に向けた〝天王山の戦い〟となった。

この時点で政策委員会内のリフレ派は、副総裁の若田部昌澄、審議委員の安達誠司と片岡剛士の計三人。櫻井と政井も岩田規久男の推薦で審議委員となったが、その主張は必ずしもリフレ派と同一ではなかった。ここでリフレ派委員が二人加われば、九人で構成される金融政策決定会合で過半数を握ることができる。

実は岩田や本田悦朗は、若田部が副総裁に就任したころ、一つの「提案」をしていた。

古証文となりつつある共同声明をこの際改定し、消費税の再増税を食い止める、あるいは二％目標に財務省も責任を追うという一文を加えるべきだという主張だ。

本田は「雨宮副総裁と話し合い、日銀から財務省に改定を申し入れてはどうか」と何度か水を向けたが、若田部は慎重な姿勢を崩さない。本田らはいらいらしながらも、若田部の「決起」を待っていた。そこに人事による勢力拡大のチャンスがやってきたのである。

岩田や本田は若田部と話し合い、まず櫻井の後任に専修大学教授の野口旭を推すことにした。野口も岩田が主宰した「昭和恐慌研究会」のメンバーであり、筋金入りのリフレ派だ。

官邸とのパイプ役は、嘉悦大学教授の高橋洋一が務めた。安倍の近くに本田がいたように、菅のそばにもリフレ派の高橋が内閣官房参与として控えていた。高橋は大蔵省出身だが、本田と同じく、拙速な財政再建に反対する異色のＯＢである。岩田らは高橋と連絡を取り、まず野口の任命を実現させた。

だが、もう一人の政井の後任は思うようにいかなかった。日銀と財務省が「財界の女性枠」と称して野村アセットマネジメント会長の中川順子を推薦していたからだ。中川はリフレ派ではなく、日本経済団体連合会（経団連）で女性管理職の登用に向けた活動に取り組んでいた。

関係者によると、若田部と高橋はこれに対抗するため、まず政井の「再任」ができないか模索した。政井はリフレ派ではないが、金融緩和重視のハト派ではある。日銀推薦の中川に比べれば、行動を共にできると期待したが、土壇場で本人に断られてしまう。

そこで若田部は候補者になりうる女性を本店に招き、高橋とともに副総裁室で面会した。すぐさま日銀内で「審議委員の面接が白昼堂々行われている」と大騒ぎになった。「中川さんと異なる候補者を独自に擁立しようとするのは、日銀法違反ではないか」との声も出た。関係者によると、若田部が面会した「リフレ派候補」は、他にも一人いたという。

リフレ派は最後まで攻勢を続け、財務省幹部は「一時はもう駄目かもしれないと思った」と述懐する。だが、周辺の懸命な説得により、菅は財務省・日銀の推す中川を後任に指名することにした。リフレ派による起死回生の多数派工作は、土壇場で頓挫した。

複数の日銀関係者は、若田部は中川指名が決まってから、「目に見えて意気消沈していた」と話している。

二〇二一年九月二九日、黒田の在任期間が三一一六日となり、かつて「法王」と呼ばれた第一八代総裁の一萬田《いちまだ》尚登《ひさと》(一九四六年六月～五四年一二月)を抜き、歴代最長となった。

これに先立ち、感染の第五波が押し寄せるなか、東京オリンピックが無観客で開催され、新型コロナウイルス感染症対策に忙殺された菅は、九月の自民党総裁選への出馬を断念する。首相の座は岸田文雄に引き継がれた。

戦争と円安の始まり

秋になり、副総裁の雨宮正佳は考え込むことが多くなった。

一足先にポストコロナに移行した米国では、景気がリバウンドし、インフレが芽ばえつつあった。だが、日本は停滞が続き、二〇二〇年後半から物価は再びマイナスとなっている。これほど強力な金融緩和を粘り強く続けているのに、なぜ日本だけが取り残されているのか――。日銀の中で、雨宮ほど「ゼロ金利後の金融政策」に関わり続けた当局者はいない。前述したように、一九九〇年代半ばには、のちに採用される当座預金の操作可能性に関するペーパーを上司に提案し、その後も旧来の手法にとらわれない斬新なアイデアを次々と出した。

例えば、今ではフォワードガイダンスと呼ばれる非伝統的政策手法に対し、初めて「時間軸」という名をつけたのは雨宮である。黒田バズーカを設計し、「異次元」と命名したのも、マイナス金利やYCCへのスイッチを考えたのも雨宮だった。

だが、あの手この手の策を講じたにもかかわらず、物価は四半世紀にわたって「ゼロ近傍」から抜け出すことができないでいる。金融政策の効果やあり方をゼロベースで再検証する必要があるのではないか、と雨宮は思い悩んだ。

それを知った企画局長の清水誠一は、まず物価について研究し直すことを決意する。そしてコロナ禍の内外物価への影響を分析するワークショップの準備が始まった、まさにそのころである。

ロシアがウクライナへの軍事侵攻を開始した。二〇二二年二月二四日、キーウなど主要都市を狙ったミサイル攻撃と空爆が始まった。

その軍事力の違いから、当初、ロシアによる制圧は時間の問題かと思われた。だが、欧米の支援を受けたウクライナ側の激しい抵抗により、戦闘は長期化の様相を呈す。一方で原油価格や穀物など国際商品市況は著しく高騰した。コロナ禍明けの供給不足からすでにインフレ基調にあった米国では物価が跳ね上がり、遅ればせながら金融引き締めがスタートする。

日本への影響が出始めたのは三月に入ってからだった。

まず、年初来一ドル＝一一五円前後で推移してきた円相場が、三月下旬に下げ基調に入り、三月二八日には一時一二五円台に急落する。この日、一〇年物国債金利が誘導上限の〇・二五％に達し、日銀が初めて「連続指値オペ」を実施すると発表したことがきっかけだった。

指値オペとは、あらかじめ決まった利回り（ここでは〇・二五％）で日銀が無制限に国債を買い入れる公開市場操作で、一六年秋のＹＣＣ移行とともに導入された。指値オペを連発すれば長期金利の上昇を押さえ込めるが、国債市場の機能は大きく損なわれる。

一方、ドル金利はＦＲＢの利上げ開始ですでに上昇しており、〇・二五％に固執する日銀のスタンスは格好の円売り材料となった。黒田が「円安は日本経済にとってプラス」と言い続けていたことも、海外勢の円売りを勢いづけた。

そして円安と原油高は、ついに国内物価を二％レベルに押し上げる。

消費者物価はもともと、携帯電話料金引き下げの効果が剝落する二二年の初めには上昇すると予想されていた。事実、三月分は前年比〇・八％の上昇となったが、これに輸入物価高が加わった四月の総合指数は二・一％と急騰した。異次元緩和では初の二％到達である。

だが、「企画ラインは「二％台は一時的」と判断、黒田も「物価上昇はエネルギー主導の持続性に乏しいものだ」と言い、緩和継続の構えを崩さない。

物価をめぐる国民と日銀との感覚のずれが、このあたりから徐々に広がっていく。

総裁の失言、空売りを呼ぶ

五月に入ると円相場は一三〇円台に続落し、物価高への国民の不満と不安はさらに高まった。円安は輸出企業には恩恵を与えるが、内需型産業と家計には、重い負担をもたらす。そんな「不公平な分配」に疑問が広がり始めたころ、黒田の不用意な「失言」が飛び出した。

六月六日の講演会で、黒田は長年二%を達成できなかったのは「ゼロインフレ・ノルム〔社会規範〕が極めて強固だったことだ」と指摘し、そのうえで「日本の家計の値上げ許容度も高まってきている」「家計が値上げを受け容れている間に賃金の本格上昇に繋げていけるかが、当面のポイントである」と述べた。

これは、東京大学の渡辺努教授が行った家計へのアンケートで「馴染みの店で馴染みの商品の値段が一〇%上がったときにどうするか」との質問に「他店に移る」とした回答が「昨年八月は半数以上を占めたが、今年四月では大きく減った」という点を根拠にしたものだ。

講演原稿は、基本的に政策企画課の企画役（かつての調査役）が草案を書き、課長、局長、理事の修正を経て総裁に渡される。基本的に講演や国会答弁を重視しない黒田は、用意された原稿をそのまま読んだ。

だが、家計が物価高を受容しているかのような言いぶりは、すぐさまSNS上で「炎上」し、メディアや野党も「物価上昇を正当化している」「国民の声とかけ離れた発言」と批判した。七月に参議院議員選挙を控えていたこともあり、官房長官から日銀に直接確認の電話が入る異例の事態となる。国会で追及された黒田は、講演の二日後、「誤解を招いた表現で申し訳ない」と発言撤回に追い込まれた。

これと並行して、円安・物価高を助長する異次元緩和は、物価対策に取り組む政府の方針に逆行するのではないかとの批判も出始めた。もともと二％を目指す日銀と物価高を嫌う国民との間には、最初からずれがあったのだ。

この矛盾を絶好のチャンスと捉えたのが、海外のヘッジファンドだ。

ＹＣＣの変動幅を守るのはもはや不可能だとして、六月一六日からの金融政策決定会合に向け、猛然と国債の空売りを開始した。

国債は金利が上がると価格が下がる関係にある。このため、国債の先物を大量に売り建て、金利上昇で価格が下がった時に買い戻せば莫大な利益を手にすることができる。

すでに米国ではインフレ率が四〇年ぶりに八％を超え、国際的な金利上昇局面が始まっていた。日米の金利差を理由に円は一三五円台まで売られ、「ウクライナ危機」後の下落幅は二〇円を超えている。金利差を是正するため、日銀はいずれＹＣＣを修正し、長期金利の上昇を容認するに違いない、と国際投機筋は読んだ。

　これに対し、黒田は「円安を恐れるな」と部下に号令をかけた。企画担当理事の内田眞一は「〔〇・二五％の〕変動幅の拡大は事実上利上げするということになる」（二〇二二年五月一〇日、参院財政金融委員会）と言って政策修正を否定し、連日の指値オペで対抗した。結局、六月一四日に過去最大の三兆円超の国債を買い入れるなど、月間で一六兆二〇〇〇億円もの国債を購入した。

　通貨発行権を握る日銀は、無尽蔵に円を発行できるため、円建て国債であれば制限なく購入できる。このため、理論上、日銀が空売りに負けることはなく、一九九〇年代以降、投機筋による国債の売り仕掛けはことごとく失敗してきた。

　それでも再び大量の空売りが出たのは、どう考えても〇・二五％の上限金利は経済実勢からかけ離れており、ＹＣＣの修正は時間の問題だと市場に見抜かれたからである。

　結局、日銀は力づくで市場を押さえ込み、六月の政策決定会合を現状維持で乗り切ることに成功した。ただ、一六兆円もの国債買い入れは、「ステルス・テーパリング」を進めてきた企画ラインに忸怩たる思いを残し、「いくらでも買えばすむという問題では、もはやなくなってきた」（関係者）との危機意識が一気に高まった。

安倍元首相の死

二〇二二年七月二四日、二人の審議委員がそろって交代した。三菱UFJ銀行出身の鈴木人司から三井住友銀行の田村直樹、三菱UFJ系シンクタンクの片岡剛士から岡三証券系シンクタンクの高田創への交代である。

銀行枠とエコノミスト枠がそれぞれ継承されたようにみえるこの人事はしかし、日銀にとって大きな意味を持っていた。リフレ派の片岡に代わり、非リフレ派の高田が選ばれたからだ。

この片岡の後任人事をめぐっては、発令の四カ月前、新旧首相の間でひと悶着あった。

岩田や本田、若田部は当初、リフレ派である大手生命保険会社系のあるエコノミストを送り込もうと考えていた。本田が自分で推薦したいと言ったところ、安倍は「私が言おう」と言い、首相の岸田に会いに行く。そしてこの人物を薦めたうえで、「決めるときは事前に相談してほしい」と念を押した、と本田は証言する。

だが、岸田が選んだのは、財政健全化を唱え、異次元緩和の副作用を指摘してきた高田だった。メンツを潰された安倍は怒り、三月九日夕、岸田が議員会館の安倍事務所に説明に出向く騒ぎとなる。安倍は、相談なく人事を決めた理由を岸田に問いただしたとみられる。

関係者によると、会談終了後、安倍は周囲に「[岸田]総理はしどろもどろだった」と説明したという。しかし、別の政府高官の話では「岸田さんは全く動じず、最善の選択をしたと言った」とされ、新旧首相による会談の真相は藪の中だ。

ただ、安倍にとって、この審議委員人事はアベノミクスが続くかどうかの試金石であり、一年後に控える「ポスト黒田」をにらんだ重要な前哨戦だった。「今回の一件は見逃すが、総裁人事では意見を聞いてもらうぞ」という牽制だったのではないか、と政府高官は推察する。ポスト黒田をめぐる駆け引きはすでに始まっていた。

二年前に首相を辞してからも、安倍はなお自民党内に隠然たる影響力を保持していた。金融から財政に重心を移しながらも、安倍は横目で金融政策をにらみつつ、党内の財政拡張派が集う「財政政策検討本部」の最高顧問として気炎を上げていた。

地方講演に出ると、日銀が国債の半分を買い入れていると指摘し、そのうえで「連結決算上は実は政府の債務にもならない」(二〇二一年九月一日、朝日新聞)、「日銀は政府の子会社なので(返済の)満期が来たら、返さないで借り換えて構わない」(二〇二二年五月一一日、毎日新聞)などと言い、大胆な財政出動を提唱し続けた。

党の財政政策検討本部に陪席したことのある関係者は、「安倍さんが「黒田さんのやっていることに間違いはない」と言うと、議員たちがうなずきながらメモを取る。安倍さんの影響力と黒田総裁に寄せる信頼には改めて驚かされた」と話す。

一方、安倍とは対照的に、岸田サイドは硬直的な黒田緩和への不満を募らせていた。アベノミクスの単純延長ではなく、成長と分配の好循環を目指す「新しい資本主義」を掲げた岸田にとって、一〇年務めた黒田はしょせん「旧世代のシンボル」に過ぎない。就任後最初の審議委員人事で〝独自色〟を打ち出したのもそうした意向の表れとみられ、この人事により日銀内リフレ派は、安倍の意に反して三人に減少した。

その安倍が奈良で銃撃されたという衝撃の速報が流れたのは、七月八日の昼前である。山形で同じく遊説していた岸田は急遽、自衛隊の輸送機とヘリコプターを使って帰京した。たまたま帝国ホテルで友人の送別会に出ていた本田は、家人からの知らせに言葉を失い、スマートフォンのネット情報に釘付けになった。

黒田は本店にいた。雨宮は昼の会合に出ようとした瞬間、テレビの速報で知った。安倍は病院で蘇生措置を受けたが、午後五時過ぎ、死亡が確認される。六七歳だった。

元首相の死を受けて日銀は異例のコメントを出すことにした。事務方から上がってきた原案は「やや重いトーン」だったため、中立簡素な内容に修正された。また、週明け月曜日に開かれる支店長会議の冒頭に黙禱する案も検討されたが、見送られた。

安倍と黒田との紐帯は太い。安倍がいなければ黒田が総裁になることはなく、異次元緩和も実現しなかった。記者会見で黒田は、「ご冥福を心よりお祈り申し上げます。ご逝去の影響については、私の立場からコメントすることは差し控えたい」(二〇二二年七月二一日)と言葉少なに語り、増上寺での通夜・告別式にも、九月の国葬にも参列した。

黒田以上にショックを受けたのは若田部だった。安倍に対する心酔ぶりは行内でも有名で、副総裁になったころから「古今東西、これほどマクロ経済に通じた宰相はいない」と絶賛して憚《はばか》らなかった。最大の後ろ盾を失い、若田部はいたく落ち込んでいた、と関係者は話す。

安倍の突然の死が、国内外の政治力学はもちろん、財政金融政策にも少なからぬ影響を及ぼすのは確実だった。「ポスト安倍」のバランスがどこでどう変化し、どんな化学反応を引き起こすのか、企画ラインは固唾を呑んで見守った。

止まらぬ円安、埋められた外堀

夏が過ぎても、円安・ドル高は止まらなかった。

ＦＲＢの相次ぐ大幅利上げを背景に、円相場は八月から九月までの間にさらに一〇円下落し、一ドル＝一四五円台をつけた。

連日のように国会で円安無策を責め立てられた黒田の苛立ちは、やがてピークに達する。

「なんで俺が為替について国会で怒られなきゃいけないんだ。これは財務官の仕事だろう。俺だったらとっくに介入している」

為替は財務省の責任だとする「デマケ論」に基づき、黒田は周囲に怒りをぶちまけた。

財政規律に関する日銀批判に対しても、黒田は我慢ならなかった。ＹＣＣが財政の規律を緩めたと野党議員に難じられた黒田は、本店に戻り烈火のごとく怒ったという。

「そんなことを言われる筋合はない。財政健全化は国会議員の仕事だ。それをしようともしないで、なぜ日銀のせいにするのか」

確かに筋としてはその通りだが、六月の「失言騒動」以降、世間の批判はすべて黒田に向けられるようになっていた。安倍の死後、アベノミクスの功罪をめぐる論争が始まったことも〝アンチ黒田〟の風潮に拍車をかけた。

九月二二日の金融政策決定会合で現状維持を決めたあと、黒田は記者会見で「当面、金利を引き上げるというようなことはない」と言明する。さらに「当面必要ないというのは、長いスパンのことか」と問われ、珍しく踏み込んで答えた。

「その通り。数か月の話ではなく、二〜三年の話というふうに考えて頂いた方がよい」

次の総裁の金融政策まで縛りかねないこの発言に市場は激しく反応した。円はさらに売り込まれ、同日夜、財務省は二四年ぶりの円買い・ドル売り介入に踏み切らざるを得なくなる。円安に頭を抱えていた財務省にとっては、「まったく余計な一言」(同省幹部)だった。

もっとも、黒田が円安と物価高にもかかわらず緩和継続に固執したのには理由がある。就任一〇年目にしてようやく出てきた「インフレ期待の芽」を拙速な政策転換で潰してはならない、と信じていたからだ。

そもそも物価上昇の直接の引き金は、ウクライナ危機後の原油高と円安・ドル高という「外的要因」である。だが、国内物価がこれに反応したのは「粘り強い緩和で経済のエンジンがチューンナップされていた」(日銀幹部)からであり、賃金と物価が互いに影響しながら上昇し始めるまで、ここは我慢のしどころだと考えていた。

政府が懸念する円安についても、黒田は「ジタバタするな。必ず戻る」と檄を飛ばし続けた。

「一ドル＝一〇〇円になるより、一七〇円の方がましだ、と総裁は考えていた」との証言もあるほどだ。

黒田はまた、円安を過剰に心配し、拙速な引き締めに走ったために、日銀はこれまで失敗してきたじゃないかとまで言い、幹部らを諭したという。

「二〜三年の話」という一言も、そうした信念に基づくものだった。

実際、この会見の四日後にも、長期金利の上限引き上げは金融引き締めに当たるとの認識を示し、「緩和の効果を阻害するので、そういうことは考えていない」と断言している。

こうした黒田の「粘り強い緩和戦略」を事務方も基本的に理解し、これまで支えてきた。

ただ、為替や物価の情勢変化に応じて、YCCの変動幅を微修正していくのは当然ではないかという思いも一方で強まりつつあった。

とりわけ副総裁の雨宮が春ごろから「正常化」の方向を見定め、政策修正を探ろうとしていることを企画ラインは敏感に感じ取っていた。同じ副総裁として定期的に意見交換していた若田部も、雨宮の言葉の端々から「YCCの撤廃か修正が選択肢に入っている」と察知していた。

海外勢による六月の国債売り圧力を押さえ込んだあと、雨宮は理事の内田とともに総裁室に足を運び、「YCCはもう調整すべきです」と修正を持ちかけるようになる。雨宮のトーンは、円安が進むにつれて少しずつ高まっていった。

だが、黒田はびくともしない。関係者によると――。

「CPIが二%を超え、総裁がどのように指示を変えてくるか見ていたが、予想した以上に頑なだった」「たいていの正常化論は、木っ端みじんに論破された」

微動だにしない日銀総裁に対し、業を煮やしたのが首相官邸と財務省である。

関係者によると、円安が加速したころから、官邸サイドは陰に陽に「機動的な金融政策」を求めるようになり、七月の参議院選挙前には首相周辺から日銀幹部に「相当な圧力」がかかったという。また、これと並行して、財務省からも円安修正のために「何かできないのか」といった催促が繰り返された。

だが、企画ラインは「為替は財務省の所管であり、必要なら介入すればいいではないか」と冷淡な態度に終始する。首相周辺は「円安は米国の高金利が原因だが、YCCも影響している。それなのに黒田総裁はまったく動かない」と露骨に不満を漏らすようになった。

一方、海外でもYCCへの批判が出始めた。

一〇月一二日にワシントンDCで開かれたG7で、黒田が「円安の原因は米国の高金利にある」と指摘したところ、「違う。それはYCCのせいだ」と反論された、と関係者は話す。

一〇月二〇日、円相場は三二年ぶりに一ドル＝一五〇円台をつけ、翌二一日、二度目の円買い・ドル売り介入が大規模に実施される。さらに政府は、物価対策を柱とする総合経済対策を打ち出し、物価高を助長する異次元緩和とのちぐはぐな対応がますます浮き彫りとなった。黒田は四面楚歌の状態となり、外堀はほぼ埋められた。

相場観と勝負勘

何の前触れもなく、黒田がＹＣＣの修正にＯＫを出したのは、一一月に入ってすぐのことである。

関係者の話を総合すると、黒田は長期金利の上限を〇・二五％から〇・五％まで引き上げるのは構わないと言い、「ただし、政策の枠組みは変更しない」と条件を付けた。進んで決断したというより、渋々受け入れたようにも見えた。

つい一週間ほど前、金融政策決定会合でＹＣＣの現状維持を決めたばかりである。半ば諦めかけていた企画ラインは驚き、大車輪で修正案の検討に入った。すぐに検討ペーパーが用意され、一〇日発表の米国の消費者物価がピークアウトしたのを見届けたうえで、黒田、雨宮ら上層部が変動幅拡大の方針を確認した。

これと並行して、黒田は同じ一〇日、首相官邸で岸田と会談し、終了後に「情勢に応じて機動的に政策運営を行い、経済成長と物価安定目標の実現を図る認識で一致した」と記者団に語る。黒田の口から「機動的」の言葉が出たと聞いた財務省中枢は、「政策修正のサインだ」と受け止めた、とのちに語っている。

突然の「心変わり」について、企画ラインの関係者は、秋に入ってからの物価の大幅な上振れが影響したのは間違いないだろうと指摘する。

ウクライナ危機の発生時に「一時的」と見ていたCPIの上昇率は九月に三％を超え、一〇月も三・六％と四〇年ぶりの伸びとなった。当初の予測は大きく外れ、黒田自身、「思っていたよりも物価は上がりそうだ」と周囲に懸念を漏らしていたという。

加えて、力づくで長期金利を押さえ込んだ弊害も無視できなくなっていた。

一〇年物国債の利回りが市場実勢とかけ離れた結果、これを基準に発行利率を決める社債や地方債が機関投資家に敬遠され、新規発行ができなくなったのである。

もっとも、こうした「政策修正すべき理屈」は、もともと企画ラインが黒田を説得するために使っていたもので、「いったん決めたらテコでも動かない総裁が、事務方に説得されたとは思えない」との見方が行内では支配的だ。むしろ、一一月早々の決断は、黒田一流の「相場観」と「勝負勘」によるものだと見る幹部が少なくない。

一〇月の為替介入を機に円相場は底を打ち、反転の兆しを見せていた。雨宮らは「ガスが充満しているときに動くと市場に追い込まれ、オーストラリアのように失敗する。ガスが抜けた時がチャンスだ」と黒田の背中を押し続けていた。ここで修正を指示すれば、決定は一二月の政策決定会合となる。足元の為替相場の流れから判断すると、大幅な円安修正を実現できる好機となる可能性が高い――。

もう一つ、官邸や財務省から対応を迫られるなか、「ここで修正に応じておけば、そのまま退任できる」との勘が働いた、と指摘する幹部もいる。ＹＣＣの枠組みを維持しつつ、穏やかに卒業するための「ぎりぎりの譲歩」だったという解説であり、実際、黒田がそうした発言をしたのを聞いたとの証言もある。

長期金利の変動幅を「プラスマイナス〇・五％程度」に拡大する執行部の最終方針は一二月の第二週に固まり、二〇日の政策決定会合で正式決定した。

それまで黒田が何度も修正の可能性を否定してきたことから、市場では最大級のサプライズと受け止められ、発表後に長期金利は急上昇し、円は五円近く急騰した。市場とのコミュニケーションという点では問題を残したが、こと円安修正に関しては狙い通りとなった。

修正の理由は「市場機能の改善を図り、円滑なイールドカーブの形成を促すため」とされ、黒田は記者会見で「これは利上げではない。出口戦略の一歩でもない」と強弁した。

ここでも最後のハードルは、リフレ派をいかに納得させるかだった。

企画ラインは「毎月の国債購入額を増やしてイールドカーブ全体の低下を図り、緩和政策の持続性を図る」として野口、安達の二人のリフレ派委員を説得し、最後は内田が若田部を説き伏せた、と関係者は明かす。

若田部にとっては、反対票を投じて「リフレ派」の存在感をアピールできる絶好の機会だった。それだけに、全会一致の決定には日銀内でも驚きの声があがり、「前任者と同じく、若田部さんも結局、黒田さんに反旗を翻すことはできなかった」と囁かれた。

若田部はのちに記者会見で、「緩和の持続性を強化するという意味では必要な措置であった」と賛成の理由を説明し、そのうえで副総裁の五年間を次のように振り返っている。

「二%目標が、持続的・安定的には達成されなかったことは反省材料というより反省している。そのために何ができたのか、日々反省している」(二〇二三年二月二日、記者会見)

市場の反乱、雨宮の「集大成」

年明け二〇二三年の一月、海外勢による国債の空売りが再び火を噴いた。あれほど否定していたにもかかわらず、日銀が長期金利の変動幅を拡大したことで、市場の猜疑心と警戒心はピークに達していた。この調子だと一月一七、一八日に開かれる金融政策決定会合でYCCの撤廃さえあり得るとの思惑が広がり、国債先物に大量の売りが持ち込まれた。長期金利は一三日から三営業日連続で新たな上限である〇・五％を突破する。

追い込まれた日銀の金融市場局は、連日の指値オペで対抗し、直近に発行された指標性の高い一〇年物国債三銘柄をすべて買い占めるという究極の一手に打って出た。

市場に出回る主力銘柄を買い占めれば、長期金利は一〇〇％コントロールできる。だが、その代償として市場は「仮死」状態に陥り、イールドカーブの歪みはますますひどくなる。市場機能の回復を狙ったはずの一二月の政策修正は、完全に裏目に出た。

さらに日銀は、注目の政策決定会合でYCCの現状維持を決めたうえで、民間金融機関への資金供給をさらに拡充する新たな対抗措置まで打ち出した。低利の長期貸出を行うことで金融機関に国債購入を促し、長期金利の上昇圧力を緩和しようという作戦だ。

結局、日銀の一月の国債買い入れ額は過去最大の二三兆六九〇〇億円、年度全体でも空前の一三六兆円近くに達した。まさにFRBが二年半前に指摘した「長期金利操作の欠陥」を露呈する展開となった(二六六頁参照)。

一方、肝心の物価も騰勢が衰えず、一月のCPI上昇率は四・二%に跳ね上がった。二三年以降、物価の騰勢は収まるとした当初の見立ては外れ、黒田批判が再び強まっていった。


事態の推移を見ていた雨宮は、YCCをこれ以上継続するのは適切ではないと判断し、一月のある日、総裁室に足を運ぶ。黒田を前に、雨宮は言った。

「総裁、YCCにけりをつける時ではありませんか」——。

けりをつけるとは、つまりYCCの打ち切りである。

YCCを打ち切る構想は、一二月の政策修正後から雨宮の中に浮かんではいた。だが、年明け以降、国債の空売りがこのまま続けば、いずれ日銀が望まない形でYCCを断念せざるを得なくなる「屈辱的敗北」に追い込まれるのではないか、と案ずるようになった。

雨宮が恐れた「屈辱的敗北」の典型例が三つある。

まず一九九二年のイングランド銀行。将来の通貨統一を目指し、ポンドと欧州各国通貨を一定範囲に固定してきたが、天才投資家と呼ばれたジョージ・ソロス率いるヘッジ・ファンドとの攻防に敗れ、固定相場制から離脱せざるを得なくなった。

次に、スイス国立銀行は自国通貨の急騰を押さえるため、無制限のユーロ買い・スイスフラン売りの市場介入を続けていたが、二〇一五年、突如中止に追い込まれた。そして前述したオーストラリア準備銀行。やはり市場の圧力に屈して、三年物国債金利の操作を途中で断念した。為替であれ、金利であれ、レートの固定に失敗してきた中央銀行の歴史に日銀の名が加わることを雨宮は恐れた。自国通貨建ての国債なら無制限に買い入れることは理論上可能だが、「市場の実勢を離れて買い支えることは許されない」ことも十分、分かっていた。

だが、黒田は「賃金上昇を伴った二％目標の達成」が確実になるまでは駄目だと言い、まったく相手にしない。

黒田にも二％目標の達成が着実に近づいているという手ごたえはあった。だが、「確実な勝利宣言」ができるまで、じっと我慢すべきだという戦略は揺るがなかった。

雨宮の説得は、その後も波状的、断続的に続いた。彼を知る関係者は、「雨宮さんにとっての集大成ではないか」と受け止めた。これまで異次元緩和を推進してきた黒田、雨宮二人の論戦がどう展開し、どう着地するのか、企画ラインは息をひそめて見守った。

後任人事もサプライズ

ポスト黒田の総裁人事が山場を迎えたのも、ちょうど同じころだった。大手紙や雑誌では、早くから「本命・雨宮、対抗・中曽」の観測気球が上がっていた。財務省OBが一〇年務めたあとは、日銀生え抜きにバトンを渡すはずであり、黒田の下で副総裁を務めた二人のいずれかに違いないとの読みである。

実は、財務省の現役幹部たちも、財政と金融の一体化が進んでいる現実を踏まえ、YCCを知り尽くした雨宮に任せるのが間違いないと考えていた。

事実、財務省内に独自の総裁候補を擁立しようという動きはなく、二〇二二年春には元金融庁長官の氷見野良三を副総裁候補に推挙する案が早々と固まった。国際金融規制の第一人者であり、海外当局とのパイプも太い元大蔵官僚の氷見野なら、国内派の雨宮と良いコンビになる、と考えたのだ。

首相官邸もまた、早くから雨宮の手腕に期待を寄せていた。この一〇年で金融政策が難解複雑になり、へたに触ると市場が混乱しかねないため、岸田側近は「その道のエキスパートでなければ、今回は怖くて任せられない」と漏らしていた。こうして「雨宮本命説」は各界に広く浸透し、岸田の最終判断を間近に控えた二三年二月六日、日本経済新聞が朝刊一面で「日銀総

裁 雨宮氏に打診」と報じる。

ところが、この四日後に判明した総裁候補は、元日銀審議委員で共立女子大学教授の植田和男だった。副総裁は日銀理事の内田と財務省の推す氷見野。事前の下馬評では一度も挙がらなかった総裁候補の名に、メディアも市場関係者も意表を突かれ、顔色を失った。

植田はマサチューセッツ工科大学で博士課程を修了し、母校の東京大学で長く教授を務めた金融政策研究の第一人者である。有名な「岩田・翁論争」の際、翁に軍配を上げつつも、岩田の主張にも耳を傾けるべきだとする双方痛み分けの裁定を下したことで知られる。

植田と日銀との関係は古く、一九九〇年から二年間、日銀金融研究所の客員研究員を務め、東大教授となって三年目の九六年から調査統計局で一年間働いた。九八年の新日銀法施行とともに、四六歳の若さで初代の審議委員に任命された。

植田はこの間、最新の金融理論を次々と紹介し、日銀に新風を吹き込む。雨宮が「時間軸」と命名したフォワードガイダンス政策をもともと考え出したのは植田であり、インフレ率や成長率などマクロ経済指標を使って政策金利の適正水準をはじき出す米国の計算式「テイラー・ルール」も、最初に日銀に持ち込んだ。

何より注目を集めたのは、二〇〇〇年八月のゼロ金利解除の際、執行部案に反対票を投じたことだ。その後の景気失速により量的緩和政策に移行せざるを得なくなったため、その情勢判断の的確さが裏付けられた。

七一歳の高齢にもかかわらず、植田が再び表舞台に登場したのは、本命候補とされた雨宮が早々に「辞退」し、しかも自ら植田を推挙したからである。

審議委員として豊富な実務経験を持ち、リフレ派ではなく、バランスの取れたハト派の学者に落ち着いたのは、手堅く、無難な人選と言える。やや「オールドネーム」の感もあるが、意外性は十分で、ゼロ金利解除に反対した「実績」があることから安倍派やリフレ派も文句を言いづらい。

二月一五日の衆議院予算委員会で、岸田は「国際的にも著名な経済学者であり、理論、実務両面で金融分野に高い見識を有する」と、よどみなく人選の理由を説明した。

その名が報じられた二月一〇日夜、自宅に押しかけた記者たちを前に、植田は「政策判断を論理的にすること、判断の結果を分かりやすく説明することが大事」と穏やかに語った。そして二週間後の衆議院の所信聴取では、緩和継続の妥当性を強調しつつ、「〔自分の使命は〕何か魔法のような特別な緩和政策を考えて実行することではない」と付言した。

ちなみに、前年一二月の突然の政策修正には、この総裁人事をにらんだ「予防的なガス抜き」の狙いがあったとの指摘が少なくない。早めに長期金利の変動幅を修正することで、次の総裁が就任直後に「踏み絵」を踏まされることのないよう配慮したという解説だ。

もちろん黒田は記者会見で否定したが、財務省幹部は「次の総裁への〝支援〟だったことは間違いないと思う」と話している。

一方、この人事プロセスでリフレ派は完全な埒外に置かれ、一〇年続いた副総裁ポストを失った。岩田は二月一四日のBS番組で「植田氏はYCCに批判的で、短期金利以外は市場に任せようと考えている。これは非常に危険だ」と語った。安倍の参謀を務めた本田は、「植田さんに賛成ということではないが、諦めムードというか、しょうがない」と嘆息した。

反省もなく、思い入れもなく

この人事プロセスの真っ最中も、YCCをめぐる黒田と雨宮の綱引きは続いていた。

関係者によると、黒田は、日銀の生え抜きにはとかく任期中に金融緩和を手仕舞いしたがる癖があると見抜き、そうした〝習性〟に違和感と警戒感を抱いていた。

「総裁の任期と経済のサイクルは必ずしも一致しない」というのが就任時からの口癖で、ゼロ金利や量的緩和を任期中に解除した速水優・福井俊彦両元総裁の判断にはとりわけ批判的だった。YCCの打ち切りを求める雨宮の進言からも「後始末して卒業する」という生え抜き特有の習性を感じ取っていたようだ。

だが、雨宮は次の植田体制を見据え、より戦術的に考えていた。

YCCの終了が遅れると、将来、マイナス金利の解除と時期が重なる可能性が出てくる。短期金利の引き上げはすなわち金融引き締めであり、その傍らで長期金利を抑制するのは政策的矛盾と批判されかねない。このため、YCCは早めに打ち切り、次のマイナス金利解除まで「一定の間」を取っておいた方が、植田体制の政策運営が楽になると考えていたふしがある。

市場の圧力はその後も高まっていた。雨宮は基本的に「圧力が最高潮に達する前の打ち切り」を目指していたが、場合によっては圧力の高まりに乗じる形で終了させるオプションもあると考えるようになる。仮に安倍派やリフレ派が反対しても、「YCCを続けたかったが、無理でした」と釈明できるからだ。

YCCを単純に撤廃するか、それとも変動幅を〇・五%から一～一・五%に拡大して「骨抜き」にするか、具体策は企画ラインで検討すればいい。とにかく打ち切りの基本方針を固めるべきだ、と黒田に訴えた。

トップ二人の議論は延々と続いた。だが、関係者によると、黒田は「必要な調整は一二月にすませた。これ以上は絶対に許さん」というスタンスを最後まで崩さなかった。

一方、企画ラインは、ここで打ち切ると、それこそ市場に屈した印象を与える形になり、黒田の評価に傷がつくのではないかと案じた。特に理事の内田は、「混乱が収まってから、もっと管理されたやり方で、秩序だって次に向かった方がいい」と考えていた、と関係者は話す。

結局、正副総裁から具体的な検討指示が企画ラインに下りてくることはなく、論争は時間切れに終わる。三月九、一〇日の政策決定会合は、ＹＣＣの現状維持を全会一致で決議した。市場の反乱も、このあと米国で起きた銀行破綻とその後の金融不安により一気に収束した。

副総裁は総裁より一足早く三月一九日付で退任することになっている。さまざまなアイデアを出し、ゼロ金利の壁と格闘し続けた雨宮は、退任の挨拶で「創意工夫の大切さ」を強調し、こう言い残して日銀を去った。

「四四年の職業人生を振り返ると、うまくいったこともあれば、残念だったこともあります。楽しかったことも、悔しかったこともあります」

ＹＣＣの打ち切りをめぐる検討は、かくして新体制へと引き継がれた。

黒田の時代が終わりを告げようとしていた。

就任時に約束した「持続的、安定的な二%目標」は、一〇年経っても実現できなかった。最後の年になって物価は跳ね上がったが、それは政策効果というより、むしろ欧米のインフレとウクライナ・ショック後の原油高、それに日米の金利差による円安・ドル高がもたらした副作用である。

その反面、一〇年間の国債購入額は累計九六三兆円に達した。ここから償還分を除いた二〇二三年三月末時点の保有残高は五七六兆円で、発行残高の五四%を占める。ETFも時価ベースで五三兆八〇〇〇億円あり、世界で類のない巨大なバランスシートができあがった。

仮に長期金利が全体として一%上昇すると、日銀の保有国債には二八兆六〇〇〇億円の含み損が生じる、との試算結果が国会で明らかになった。二%上昇では五二兆七〇〇〇億円、五%だと一〇八兆一〇〇〇億円に膨らむという(二〇二二年一二月二日、参院予算委員会)。

このため、三月の最後の政策決定会合後に開かれた記者会見で、「反省はないのか」との厳しい質問が出る。だが、黒田は顔色一つ変えず、「何の反省もありませんし、負の遺産だとも思っておりません」と言い切った。

国会での追及も最後まで続いたが、黒田は動じない。三月一五日の審議では「一五年間続きのデフレという状況は克服された。副作用の指摘は承知しているが、この間の大規模な金融緩和は効果が副作用を上回っている」とその実績に胸を張り、野党議員との論争を続けた。

議員「就任時の目標を達成できなかったのだから、結果として失敗と受け止めるしかない」
黒田「二％を達成できていない理由は、物価や賃金が上がらないことを前提としたノルム〔社会規範〕が定着し、その転換に時間がかかっているからだ」
議員「緩和策の出口をどう考えるのか」
黒田「物価目標の実現までになお時間を要する状況であり、出口戦略について具体的に論じるのは時期尚早である」(二〇二三年三月一五日、衆院財務金融委員会)
議員「債券市場関係者のアンケートで五〇％以上が総裁を評価しないと答えた。反省はないか」
黒田「金融政策として反省すべきとは全く考えていない」(同二九日、同委員会)

最後の出勤日となった四月七日、金曜日。任期満了を翌日に控え、黒田は本店の職員を前に退任の挨拶に臨んだ。

一〇年前、「日銀は岐路に立っている」とまで言った総裁が最後に何を言うのか、職員たちは興味津々で九階の大会議室に集結した。

だが、黒田は用意された文書を淡々と読み上げる。

「デフレではない状況にはなったが、残念ながら二％の物価安定の目標は未だ達成されていない。職員の粘り強い努力によって、経済に好循環が生まれようとしていることに敬意を表したい。皆様のご協力、ご支援に重ねてお礼を申し上げるとともに、新総裁の下で日本銀行がますます発展することを祈念します」

一〇年間の締めくくりとして、あまりに味気なく、そっけない挨拶だった。

職員たちは拍子抜けし、「秘書課はもっとまともなスピーチ原稿を用意できなかったのか」と疑問の声があがった。幹部の一人は「いかにもデマケの黒田さんらしい」と苦笑した。

日銀に対する特段の思い入れも未練もなく、黒田は花束を抱え日本橋本石町を去っていく。快晴だった一〇年前の就任日とは打って変わり、東京は分厚い雨雲に覆われていた。

託された「宿題」

週が明けて四月一〇日夕。植田が首相の岸田から辞令交付を受け、第三二代総裁に就任した。

職員を集めての恒例の挨拶で、植田は「明るくきりっと、冷静かつ前向きに仕事に取り組んでいきたい」と静かに語りかけた。ファイティングポーズで登場した黒田とは対照的に、ソフトなイメージを前面に出し、新体制は船出した。

総裁が代わって、最初の変化は四月下旬の金融政策決定会合で起きた。

それまでは自由闊達な議論の場というより、各委員が原稿を淡々と読み上げる「朗読会」のようだったが、「がちがちに形式的だった黒田時代から一変し、みな解放された感じだった」と関係者は話す。

この〝解放感〟が影響したのか、ある委員は自身の物価見通しが上下どちらに振れるリスクが大きいかを示す「リスクバランス」について、政策決定会合の途中で変更したいと言いだし、企画局を大慌てさせた。二日目の朝、四月の消費者物価指数（東京都区部）の上振れが判明したことが原因だったが、すべてが「台本通り」に進行した黒田時代には、一度もなかったハプニングである。

結局、二日目の会議でも多くの委員が持ち時間を超えて発言したため、結論はＹＣＣの現状維持だったにもかかわらず、四時間近い長丁場となった。

また、植田が重視するフォワードガイダンスを修正し、一九九九年のゼロ金利導入から二五年に及ぶ金融緩和について一年から一年半かけて検証することも決定した。

新たなガイダンスでは、「賃金の上昇を伴う形」で二%目標を実現するため、粘り強く金融緩和を続けるとしながらも、「物価や金融情勢に応じて機動的に対応」することを付記した。さらに、それまで引き下げ方向を示唆してきた政策金利の記述を削除し、「追加緩和含み」から中立的なスタンスに戻した。いずれも「次の一手」をにらんだ修正である。

とは言え、注目された初会合が現状維持に終わったことへの「失望感」も小さくなかった。

ノーベル経済学賞の候補として注目される米プリンストン大学教授の清滝信宏は五月一五日、経済財政諮問会議に有識者として出席し、YCCの長期化に異議を唱えた。

「長期金利を低く抑える政策を長く続けると、国が一方的な投機にさらされ、国民負担が増えることになる。したがって、インフレ率が一～二%程度に定着すれば、量的・質的緩和は解除すべきである。一九九〇年代末以降のデフレのトラウマのために、政策判断が遅れてはならない」

基本的には「金融正常化」を志向しつつも、植田がとりあえず現状維持で動き出したのは、国際金融と国内政治が予想以上に不安定だったからだ。

三月に起きた米国のシリコンバレー銀行の破綻は、その後、名門クレディ・スイスの身売りへと連鎖し、国際金融不安が一気に高まった。米国が急激に政策金利を引き上げたためだが、これにより日本の長期金利への上昇圧力は一時的に収まっていた。

一方、国内では、衆議院の早期解散説が浮上し、その傍らでアベノミクスを継続するかどうかが政局の火種となる恐れが出ていた。

植田の所信聴取で、自民党参議院幹事長の世耕弘成は「アベノミクスは道半ばだ。継承していくのか」と植田に詰め寄った。アベノミクス堅持を求める政治勢力は依然多く、早期解散の可能性を探る首相官邸側も、しばらく波風を立てぬよう日銀に求めていた。

新体制の発足にあたり、企画ラインが最も腐心したのは、新総裁に「脱アベノミクス」のレッテルが貼られないようにすることだった。ある幹部は「とにかくハト派［金融緩和重視］のイメージを徹底的に刷り込む必要があった」と打ち明ける。

植田も政策決定会合後の記者会見で「拙速な引き締めで二％を実現できなくなるリスクの方が大きく、基調的なインフレ率の上昇を待つことのコストは大きくない」「もう少し辛抱して粘り強く金融緩和を続けたいというのが正直な気持ち」などと慎重な構えを崩さず、これが新総裁への失望感につながった。

だが、黒田時代に議論された「YCC打ち切り」の構想は消えていなかった。

国内物価は予想以上に上振れし、春闘は大企業で三〇年ぶりの高い賃上げとなった。YCCの抜本的な見直しはもはや時間の問題であり、企画ラインは新総裁にハト派のイメージを植えつけつつ、次の一手を打つタイミングをひそかに探り続けていた。

チャンスは七月に到来する。再び円安・ドル高が進行し、財務省側から長期金利の変動幅拡大を求める声が高まったのだ。と同時に、気にかけていた衆議院の早期解散も遠のいた。これを見計らったように、副総裁の内田と企画局が主導する形でYCC修正の準備が一気に進む。円安由来の物価高を懸念する植田にも、異存はなかった。

「地獄」からの出口

七月二八、二九日に開かれた金融政策決定会合は、長い議論の末、長期金利の「柔軟化」を図る方針を八対一の賛成多数で決定した。

一〇年物国債金利の誘導目標「ゼロ％程度」を維持し、その変動幅については従来の「プラスマイナス〇・五％程度」を「目途《めど》」として残したうえで、最高一％までの上昇は容認するという三段構えの修正案だった。

実質的には一％が新たな上限だが、あえて〇・五％をめどとして残したのは、市場が「引き締めへの転換」と受け取らないよう気を配ったからである。ただ、一％の上限はこの時点で長期金利の実勢を大きく上回っており、大規模な国債買い入れはしばらく不要になる。つまり今回の修正は、ＹＣＣを「骨抜き」にし、「形骸化」するための一手だった、と複数の幹部が認めている。

実は企画ラインでは、前年一二月の政策修正直後から「変動幅〇・五％の次は一％」が共通認識になっていたという。黒田と雨宮が激しく論争していたころから、現場ではＹＣＣ打ち切りをにらんだ具体策として、ひそかに検討が進められていたもようだ。

決定後の記者会見で植田は、物価の上振れリスクが顕在化したあとでは対応が後手に回り、「最悪の場合、嫌々ＹＣＣを離脱するリスクもゼロではない」と説明し、「現在の債券市場は相対的に落ち着いており、ちょうど良いタイミングではないかと思った」と語った。まさに内田がイメージしていた「管理され、秩序だったやり方」を植田は採用したのである。

退任後、東京大学大学院の招聘教授となった雨宮は、修正の一報を聞き、手放しで喜んだ。「為替であれ金利であれ、これほど円滑に価格固定政策に決着をつけた例はない」と後輩たちの決断を称えた。

ただ、この直後、FRBが高金利政策を持続する構えを示したことから、秋にかけて予想以上に円安・ドル高が進み、米国に引っ張られる形で長期金利は上限近くの〇・九五％まで上昇を続けた。

物価の高止まりに加え、中東情勢の緊迫化など不確実性が一段と高まったことから、植田は一〇月三一日の政策決定会合でYCCの再修正に踏み切る。長期金利の一％を「厳格な上限」ではなく「目途」に柔軟化し、一定程度なら一％超えを容認するという内容だ。これによりYCCはほぼ換骨奪胎された、と幹部は解説している。

牛歩のごとく修正を重ね、日銀は何とか「出口のスタートライン」にたどり着いたようだ。

今から四半世紀ほど前。初めて量的緩和の導入が決まった二〇〇一年三月の政策決定会合で、当時審議委員の植田がこんな「未来図」を語っている。

「しばらく経ってみると大して景気も良くならないし、場合によっては物価も下がり続けている。そして日銀に対してさらなる緩和要求が来て（中略）〔当座預金残高を〕六兆円にしよう、七兆円にしようとなる訳である。普通の短期金融資産では恐らく無理だろうから、長期国債買いオペの増額と思う。それで期待インフレ率が上がって金利が上がっていったり、景気がよくな

っていくとなれば良いが、ならないと地獄になる」(傍点筆者)

この予言通り、当初五兆円でスタートした量的緩和は、六兆〜七兆円どころか、一〇〇倍の五〇〇兆円超に膨らんだ。「入口」に賛成票を投じた植田が、「地獄からの出口」を託されるのは、歴史の必然と言えるかもしれない。

エピローグに代えて

初の学者総裁、誕生の裏で

ロシアのウクライナ侵攻が長期化の様相を見せ始めた二〇二二年春、前日銀総裁の白川方明と元財務事務次官の丹呉《たんご》泰健《やすたけ》が、首席総理秘書官の嶋田隆をひそかに訪ねた。

幅広い人脈を持つ嶋田は、官房副長官の木原誠二とともに、首相の岸田文雄から次期総裁候補の「一次選抜」を任されていた。振り返れば、この三人の秘密会合が、長い総裁レースの起点だったように思う。

嶋田と向き合った白川と丹呉は、単刀直入に言った。

「今の路線をこのまま続けると大変なことになる」

「我々は金融政策の考え方を転換すべきだと考えている」

そして二人は、黒田の後任として元副総裁の山口廣秀を推した。山口は一三年春に退任したあと、民間シンクタンクの理事長となり、黒田東彦の路線を批判し続けてきた。

白川も丹呉も無制限の量的緩和と財政と金融の一体化には批判的で、「脱黒田」が不可欠だと考えていた。二人は元総裁の福井俊彦、財務省出身で元副総裁の武藤敏郎の考えも聞き、〝全員一致〟で山口を推すことにした。

だが、嶋田は「ストレートに山口さんの名を出せば、政局になります」と即座に返す。山口では「脱黒田色」が強すぎるため、安倍晋三の了解が到底得られないとの判断だ。

ただ、嶋田はこう付け加えるのも忘れなかった。

「山口案は総理に上げます。ですが、ここは誰にも言わず、じっと温めていてください」

この一言に、二人は一定の手ごたえを感じ、嶋田との短い会談を終えた。

このあと白川は四月二〇日、英国議会（貴族院）のオンライン公聴会に参考人として招かれ、大規模緩和に厳しい評価を下す。

「金融緩和の長期化は、いわゆるゾンビ企業を延命させ、生産性の伸びをさらに低下させる」

「私は中央銀行の巨大なバランスシート自体が経済を刺激するとは信じていない。実際、GDPへの影響は控えめなものだった」

ちょうど同じころ、ポスト黒田の有力候補とみられていた雨宮正佳は、周囲に「来年の春には黒田さんと一緒に俺も辞める」と言い始めていた。

後輩らは当初、彼一流のジョークか、あるいは照れ隠しに過ぎないと聞き流していたが、やがて雨宮の行動に首をかしげるようになる。

雨宮はまず財務省に働きかけ、二二年三月末で任期が切れる理事の内田眞一を再任させた。新日銀法下で再任された理事は例外なく副総裁に昇格している。日銀の生え抜き二人で正副総裁を同時に占める可能性は低いため、「雨宮さんは総裁になる気がないのではないか」と訝る声が出始めた。

次に雨宮は、「日銀総裁は学者がやった方がいい」と漏らすようになる。財務省と日銀で総裁ポストを分け合ってきた因習を改め、米国の主流派経済学に対抗できる経済学者を招請しようという考えである。

一九九〇年代末、米国の経済学者であるポール・クルーグマンがインフレ目標と量的緩和を提唱し、これを機にリフレ論に火がついたことは前述した（四二頁参照）。FRB議長を務めたベン・バーナンキやジャネット・イエレンを含め、世界の中央銀行総裁の約三割は経済学者であり、しかも七割近くが博士号を持っている。米主流派経済学の「一方的な主張」に押されないためにも、日銀総裁も世界に通用する学者がなるべきだ——。雨宮はそんな話を熱っぽく語った。

一方、部下たちは、そうした「もっともらしい理屈」よりもむしろ英語力に対する自信のなさが、雨宮を逡巡させているのではないか、と感じていた。

リーマンショック以降、政策協調や金融規制について各国の総裁同士が直接議論する機会が飛躍的に増えた。黒田が国債のソブリン規制の導入をめぐり討論したように(九一頁参照)、日本の国益を背負って欧米と対峙する場面も少なくない。二カ月おきにスイスで開かれる国際決済銀行(BIS)総裁会議では、会議後のディナーが本音で語り合う重要な意見交換の場となっているが、そこには通訳も秘書も入れない。

もちろん、雨宮も英語での日常会話には不自由しない。ただ、高度な金融理論が飛び交う場で海外勢と対等に渡り合うのは荷が重い、としばしばこぼしていた。


五月の大型連休が明け、雨宮は一気に動き出す。

総裁候補となり得る経済学者を何人かピックアップして個別訪問し、意見聴取を始めたのだ。その最も重要な訪問先が、共立女子大学教授の植田和男だった。

二〇〇五年に審議委員を退いたあとも、植田と日銀の蜜月は続いていた。金融研究所の特別顧問を務めながら、雨宮をはじめ企画ラインの良き相談相手となっていた。

包み隠さず、雨宮は言った。「あなたを総裁候補に推薦しようと思っています」

植田に白羽の矢を立てた背景には、その見識はもちろんだが、現実の政策実務と日銀の内部組織の両方を知る学者が植田以外に見当たらなかったという事情もあった。

この一〇年、リフレ派が審議委員ポストを〝寡占〟したこともあり、ここで植田を登用しなければ、学者出身の総裁適格者は当分現れない、このままでは日銀だけが「国際標準」から取り残される、と案じたのだ。

一方、首相官邸では嶋田と木原による候補者のリスト作りが着々と進んでいた。

二〇二二年七月の安倍の突然の死は、結果的に岸田にフリーハンドを与える結果となった。嶋田と木原は、黒田緩和の単純延長ではなく、「新たな資本主義」に合致した独自性のある候補者を探そうと考え、夏の終わりには二〇人程度の初期リストをまとめあげた。

学者では植田のほか、かつて黒田と正副財務官のコンビを組んだ米コロンビア大学教授の伊藤隆敏、スタンフォード大学から東京大学に戻った星岳雄、日銀出身で東大経済学部長の渡辺努らが名を連ねた。いずれも雨宮が個別訪問した候補者とほぼ一致しており、雨宮と嶋田の間で情報が共有されていたもようだ。

ただ、この時点では依然として雨宮が最有力候補と考えられていた。財務省から官邸に提出されたリストの上位には彼の名が記され、学者たちはむしろ副総裁候補と目されていた。

このプロセスで、財務省は実は黒田から意見聴取している。関係者によると、黒田は「自分を支えてくれた人か、もし学者を選ぶなら伊藤がいい」と言い、候補の一人に山口が挙がっていることには強い拒絶反応を示したという。また自民党副総裁となった麻生太郎らは、五年前に続き元金融庁長官の森信親を総裁候補に推していた。

本命候補のレース離脱

秋になり、「本命・雨宮」の観測記事が新聞や雑誌を賑わすようになる。

だが、雨宮は、福井や白川など歴代の正副総裁経験者を次々と訪問し、仮に自分への打診があっても総裁を受けるつもりはないと伝え始めた。

関係者によると、雨宮はこの席でバブル崩壊後の金融緩和の歴史を振り返り、「自分はこの間のほとんどの政策に関わっており、その結果をフェアに総括する資格がない。金融政策はいったんガラガラポン（総入れ替え）すべきであり、そのためにもフレッシュな立場で検証できる人物が必要だ」と力説した。「フレッシュな立場」とは、つまり学者のことである。

これに対し、「二〇年間を総括する責任は君にある」と翻意を促す声が出る一方、「まだ頼まれてもいないのに、そういうことを軽々に言うべきではない」とたしなめるOBもいた。福井は「もし総理から直接打診された場合は決して断らないように」とクギを刺したが、雨宮がうなずくことはなかったという。

前述したように、雨宮に対する日銀OBの反発は強く、総裁交代期を前に「黒田を支えた雨宮を総裁にすべきではない」との意見が高まっていた。また、丹呉だけでなく、他の財務事務次官経験者も山口の登用を官邸や財務省に働きかけていた。

有力OBがこぞって雨宮に反対しているとの噂はやがて日銀内に広がり、現役の間で「なぜ一丸となって雨宮総裁を実現しようとしないのか」「誰のせいでこんなことになったのか」とOBへの不満が募る。〝日銀一家〟に修復しがたい溝ができていった。

事情に詳しい関係者は、雨宮が固辞した理由をこう解説する。「誰がやっても難しい時期に、組織を挙げて応援するどころか、足を引っ張ろうとする。つまり(雨宮は)嫌気がさしたということだ」

OBへの事前通告に先行して、雨宮は嶋田や財務省中枢に対しても「自分は受けるつもりはない」と明確に伝え、植田の起用を訴えた。

本命候補の辞退に誰もが当惑し、何人かは説得を試みたが、雨宮の決意が揺らぐことはなかった。初冬に入ったころ、「これはもう無理だろうと思った」と日銀幹部は話している。(固辞の背景には幾多の要因があったとみられ、理由は必ずしも単純平明ではない)

諦めきれなかった首相

一二月半ば、官邸の嶋田から植田に電話が入る。

「まだ仮定の話ですが、もし日銀総裁の打診があったら受けますか」

植田は一考したうえで受諾の意思を伝え、この時点で最終候補の一人となった。学者では伊藤も残っていたが、最後に消えた。〝黒田色〟が強すぎることなどが理由だったとみられる。

一方、嶋田は雨宮にも声をかけた。だが、持ちかけたのは〝仮定の打診〟ではなく、岸田との直接会談だった。

岸田と雨宮の付き合いは意外と深く、岸田がまだ政調会長だったころから、雨宮は経済情勢や金融政策を報告し、菅政権で岸田が無役になったあとも定期訪問を欠かさなかった。岸田や嶋田とともに、非公式ながら総裁候補の品定めをしたこともあった。

関係者によると、岸田と雨宮の極秘会談は、一二月の政策修正の直後、年末に開かれた。この席で岸田は「本当に総裁を受ける気がないのか」と雨宮の本心を質し、説得を試みた。雨宮は「大変光栄ですが、お受けするつもりはありません」と明確に答え、財務省と日銀による「たすき掛け」を排し、欧米と互角に渡り合える植田を登用すべきだと献策した。

雨宮自身、一〇年間の異次元緩和について「他に道はなかった」と確信しつつも、思うような成果を生まなかったこと、マイナス金利が金融システムに過度な負荷をかけたこと、そしてＹＣＣが市場機能を弱め、財政規律を緩めたことに忸怩たる思いを抱いていた。岸田に対し、雨宮は今の政策を単純延長するのは適切ではないとの考えを伝え、「次の総裁にはまず過去二五年間を検証してもらいたい」と言った。（雨宮は植田にも「もし総裁になったら、ゼロ金利に始まる過去の政策を検証してほしい」と依頼している）

だが、岸田にとって、雨宮は率直に意見交換できる数少ない金融当局者である。黒田路線の単純延長は避けつつも、できれば雨宮を配下に置きたいとの思いは消えなかったようだ。雨宮が明確に断ったため、暮れの段階で候補者は植田と山口の二人になったが、雨宮の芽も完全に消えたわけではなかった。

年が明け、岸田は一月初めに植田と面会した、と日本経済新聞（二〇二三年三月二〇日）は報じている。岸田による「口頭試問」は前年秋にも行われたとみられ、この過程で植田は金融政策に関する考えをペーパーにまとめ、岸田に直接手渡したという。

一方、岸田と山口との面談は、側近の判断により結局セットされなかった。黒田路線を続けるかどうかをめぐって年明けからメディアが騒がしくなり、「脱黒田」のカラーが強すぎる山口では、安倍派の反発を招きかねず、政権のリスクになると判断したからだ。

この結果、候補者は植田一人に絞られた。ところが、最後に思わぬ揺り戻しが起きる。あれほど固辞されたにもかかわらず、岸田が「雨宮は本当に受けないのか、もう一度だけ確かめてほしい」と言い出し、岸田派幹部を介して再確認に動くよう指示したのだ。

周辺は「植田案を決め込むための丁寧な作業だった」と解説するが、「最後まで諦めがつかなかった」というのが真相のようだ。関係者の一人は、「総理は雨宮にやってもらいたいと思っていた」とのちに話している。

もちろん、この最終確認にも雨宮の決断が揺らぐことはなかった。この土壇場での動きが「雨宮氏に打診」との新聞報道につながった可能性が高い。

岸田が雨宮を諦め、最終的に植田を選んだのは二月に入ってからとみられる。官邸から財務省に伝えられたのは公表の数日前、雨宮が知ったのは公表当日で、「総理はよく決断された」

と胸をなでおろしたという。一〇年ぶりの総裁人事は、本命候補が書いたシナリオを首相が悩んだ末に採用するという異例の展開で幕を閉じた。

このプロセスに黒田本人がどう関わったのか、実は判然としない。前述のとおり黒田は盟友の伊藤を推していたが、その実現に向けて積極的に動いた形跡はなく、関係者は「なぜか分からないが、総裁は微妙に外されていた」と話す。もし事実なら、岸田が黒田緩和の単純延長を望まなかった一つの証拠と言えるかもしれない。

＊

最後に、若干の私見をお許しいただきたい。異次元緩和に対する、筆者なりの「暫定評価」を述べようと思う。

円相場は、黒田就任時の一ドル＝九四円台から下落し、一時一五一円まで振れたあと、退任時には一三六円となった。企業収益は一〇年間でほぼ倍増し、日経平均株価は一万二〇〇〇円台から三万円台まで回復した。失業率は二％台半ばに低下し、新規雇用者は四三〇万人ほど増えた。いずれも黒田が胸を張る〝戦果〟である。

だが、その反面、日本経済の潜在成長率は〇・八％から〇・三％に低下し、一人当たりＧＤＰはＧ７で最下位に沈む。名目ＧＤＰもドイツに抜かれ、世界第四位に転落する見通しだ。一人当たり労働生産性はOECD加盟三八カ国のうち二九位と低迷し、平均年収では韓国にも追い抜かれた。さらに円安と資源高、そして産業空洞化により貿易赤字が常態化した。

肝心の物価は原油高と円安の影響で一〇年目に急騰したが、頼みの賃上げが追い付かず、国民の多くは生活水準の低下に苦しんでいる。株高で潤った人もいるだろうが、全体として暮らしが楽になり国が豊かになったとは言い難い。

実はその前の一〇年間と比較しても、大きな進展はみられない。

黒田時代のGDP成長率は平均〇・六%だが、その前の福井・白川の時代は〇・七%と、ほとんど差がない。前半の五年は海外の好景気に救われ、後半の五年はリーマンショック、コロナウイルスという「外的ショック」に苦しめられた点も酷似している。

平均のインフレ率は、福井・白川時代がマイナス〇・一%、黒田時代は消費税増税の影響を除けばプラス〇・五%に回復したが、「ゼロ近傍」で推移してきた日本の物価トレンドが劇的に変化したとまでは言えない。少なくとも、インフレ目標を掲げて人々の期待に働きかけ、異次元レベルでマネーを増やせば物価が上がり、物価さえ上がれば経済が復活するという単純な話でなかったことだけははっきりした。

プリンストン大学教授の清滝信宏は、二三年五月の経済財政諮問会議で異次元緩和の問題点を次のように指摘した。

「長期的には生産性や総生産の成長が停滞することになる。量的・質的緩和が持続的成長につながらないのは、一%以下の金利でなければ採算が取れないような投資をいくらしても経済は成長しないことからも分かる。また、長期金利を低く抑える政策を長く続けると、国が一方的な投機にさらされ、国民負担が増えることになる」

一方、白川も同年三月、ＩＭＦの季刊誌に寄稿し、「壮大な金融実験だったが、インフレへの影響や経済成長への効果はささやかなものだった」「学者と中央銀行家たちは、現行の金融政策の枠組みとその支えとなる知的モデルについて深く内省すべき時だ」と批判的に論じた。

もっとも、黒田が就任した時点でコールレートはすでにゼロ％に貼り付いており、追加緩和といっても長期金利を〇・六％引き下げたに過ぎない。異次元緩和と称しつつも、しょせんはその程度の金利引き下げ効果で総需要や期待インフレ率を一気に押し上げるなど最初から無理な相談だったのだ。

にもかかわらず、「期待への働きかけ」を強調するあまり、「期待を削ぐような発言」ができなくなり、やがて経済の実態を誠実に語ることが困難になる。現実との乖離や矛盾を批判された黒田は、「そういう見方は全く当たらない」「そういう議論は全く無意味だ」などと激しい言葉で記者に反論し、それがかえって日銀の信認と総裁の権威を傷つけた。

だが一方で、黒田緩和にはそれまでの常識を超える〝薬効〟もあった。まず、量的緩和を巧みに「演出」し、国際社会の批判を回避しながら「通貨安の誘導」に成功したことだ。

一二年暮れに始まった円安・ドル高は、そもそも同年夏の欧州債務危機の収束がきっかけだったとされている。だが、相場反転の理由が何であれ、その後の安倍の「無制限緩和」発言と黒田の異次元緩和が円安の流れを強力に後押ししたのは間違いない。

これにつれて日本株の買い戻しも本格化し、ＥＴＦ買い増し効果も重なり株式市場は本格的な上昇局面を迎えた。リーマンショック後の閉塞感を吹き飛ばし、景況感を一気に改善させたのは紛れもない円安・株高の効果だった。

本来、日銀にとって為替や株価は管轄外であり、金融政策との関連も公式には認めていない。だが、黒田が「デマケ」を標榜しつつも為替を意識していたのは明白で、ある財務事務次官ＯＢは「異次元緩和は円安誘導が目的だった」とはっきり認めている。

だが、この成果もしょせん為替市場に精通した黒田だからこそできた〝個人芸〟のようなものだ。こうすれば必ず効くといった定石はなく、もし金融政策が為替安定に効くという誤解と幻想を広げたとすれば、これも「負の遺産」となりかねない。

第二に、異次元緩和が「政治経済的」に成功を収めたことも、薬効と呼べるかもしれない。アベノミクスを掲げた安倍は国政選挙で連戦連勝し、未曽有の長期政権を手にした。黒田が史上最長の在任期間を得たのも、安倍の絶大な信任を得ていたからである。あれほど政治家に叩かれていた日銀自身も「穏やかな日々」を送ることができた。

ただ、この過程で政治家たちは大規模緩和の居心地の良さを知り、ＹＣＣを「打ち出の小槌」とみなす者まで現れた。超低金利が経済の隅々まで浸透した結果、ここからの脱出は各方面に激痛をもたらし、政治的な反発を招くのはまず避けられない。政治経済的な薬効は、いずれ「外圧」となって日銀に跳ね返ってくるだろう。

このように、異次元緩和は現時点で功罪さまざまだが、最終評価は、むしろこれからにかかっている。

複雑な政策スキームを混乱なく解きほぐし、副作用を抑えつつバランスシートを圧縮するには、気の遠くなるような時間と知恵が必要である。そして本文に記したように、出口に無事到達するには、累卵の危機にある財政の立て直しが必須条件だ。

こうしたハードルを越えるには、潜在成長率の引き上げに向けた構造改革と、血のにじむような財政健全化の努力が不可欠だが、最近の防衛増税や所得減税論議を見るにつけ、選挙一辺倒の政治家たちにそうした覚悟があるとはとても思えない。

また、財務省と日銀の間でも「繊細かつ戦略的な協調プログラム」が求められるが、それを企画実行できる人材がいるのか、実は心許ない。とにかく人材の流出が止まらないのだ。

金融正常化のプロセスは、植田体制の五年間だけでなく、さらに次、あるいはその次の代まで引き継がれるかもしれない。そしてその険しい取り組みを終え、すべての「政策コスト」が判明した時点で初めて異次元緩和の最終評価も定まることになる。それまでは、いかなる自己採点も、いわんや〝勝利宣言〟も無効である。

黒田は、二〇二三年一一月掲載の「私の履歴書」(日本経済新聞)で、三重野、速水、福井ら日銀出身総裁の金融政策を批判し、自身の政策については「デフレを脱却して物価安定を実現するための有効な代案はあっただろうか。私なりに国益を追い、最善を尽くしてきたつもりだ」(一一月二八日)などと正当化した。長年の激務には深い敬意を表するが、この段階での自己総括は、いかなる事情があるにせよ拙速にして失当と言わざるを得ない。

今回も取材にあたっては、実に多くの関係者にご協力いただいた。いずれも責任ある立場にありながら、一〇年間の取り組みを記録すべきだという筆者の考えに賛同し、貴重な話をしてくれた。わざわざ拙稿に目を通し、問題点を指摘してくれた人もいる。名前は明かせないが、この場を借りて深甚なる謝意を伝えたい。異次元緩和だけでなく、そこに至る四半世紀の日銀史に興味のある方は、拙著『ドキュメント日銀漂流』を、この一〇年のマクロ経済運営について知りたい人は、軽部謙介氏のアベノミクス三部作をご参照願いたい。

長期にわたり取材・執筆活動が続けられたのは、畏友であるジャーナリストの軽部氏と岩波書店の上田麻里氏のおかげである。気力と体力の続く限り、これからも互いに切磋琢磨し、事実の発掘と記録に取り組んでいきたい。

二〇二三年一一月

西野智彦

年表 異次元緩和の歴史

2012	12.16	衆議院議員総選挙で自公圧勝，政権を奪回
	12.26	第 2 次安倍晋三内閣発足
2013	1.22	政府・日銀「共同声明」を公表
	3.19	白川方明総裁，西村清彦・山口廣秀両副総裁退任
	3.20	黒田東彦総裁，岩田規久男・中曽宏両副総裁就任
	4. 4	量的・質的金融緩和(QQE)の導入
	4. 9	黒田総裁再任(1 回目)
2014	4. 1	消費税率引き上げ(5%→8%)の実施
	10.31	量的・質的金融緩和の拡大(QQE II)
2015	12.18	QQE を補完するための諸措置の実施
2016	1.29	マイナス金利付き量的・質的金融緩和の導入
	7.29	ETF の増加ペースを年間約 6 兆円に
	9.21	QQE 以降の効果について「総括的な検証」公表 長短金利操作(YCC)付き量的・質的金融緩和の導入
	11. 8	米大統領選挙でドナルド・トランプ氏勝利
2018	3.19	岩田・中曽両副総裁退任
	3.20	雨宮正佳・若田部昌澄両副総裁就任
	4. 9	黒田総裁再任(2 回目)
	7.31	強力な金融緩和継続のための枠組み強化(YCC 修正)
	11 月	第 16 循環の景気後退局面が開始
2019	4.25	フォワードガイダンス変更 「少なくとも 2020 年春頃まで極めて低い長短金利の水準を維持」
	10. 1	消費税率引き上げ(8%→10%)の実施
	10.31	フォワードガイダンス変更 「政策金利については，物価安定の目標に向けたモメンタムが損なわれる惧れに注意が必要な間，現在の長短金利の水準，またはそれを下回る水準で推移」
2020	3.11	新型コロナウイルス感染症で WHO がパンデミックを宣言
	3.16	金融緩和の強化(コロナオペの導入，CP・社債等の買入れ枠拡大など)

	4. 7	新型コロナウイルスで7都府県に緊急事態宣言を発出(〜5月25日)
	4.27	金融緩和の強化(CP・社債買入れ増額，国債の一層の積極買入れなど)
	5.22	臨時金融政策決定会合を開催，麻生財務相と黒田総裁が共同記者会見
	8.28	安倍首相が辞意を表明
	9.16	菅義偉内閣発足
	11. 3	米大統領選挙でジョー・バイデン氏勝利
	11.10	「地域金融強化のための特別当座預金制度」導入決定
2021	3.19	「より効果的で持続的な金融緩和を実施していくための点検」を公表(YCC修正)
	10. 4	岸田文雄内閣発足
2022	2.24	ロシアがウクライナへの軍事侵攻を開始
	10.20	円相場，32年ぶりの1ドル＝150円台に下落
	12.20	YCC修正，長期金利変動幅を±0.25%から±0.5%に拡大
2023	1.18	共通担保資金供給オペを拡充
	3.19	雨宮・若田部両副総裁退任
	3.20	内田眞一・氷見野良三両副総裁就任
	4. 8	黒田東彦総裁退任
	4. 9	植田和男総裁就任
	4.28	フォワードガイダンス変更. 「機動的に対応しつつ，粘り強く金融緩和を継続し，賃金の上昇を伴う形で2%の物価安定の目標を持続的・安定的に実現する」
	7.28	YCC修正，長期金利の上限を1%に引き上げ
	10. 7	パレスチナの武装勢力「ハマス」とイスラエルが軍事衝突
	10.31	長短金利操作を再び柔軟化，1%を「目途」に変更

西野智彦

1958年長崎県生まれ．慶應義塾大学卒業後，時事通信社入社．経済部などを経て95年同社を退社．96年東京放送(TBS)入社．経済部，政治部などを経て，「筑紫哲也NEWS23」「報道特集」「Nスタ」の制作プロデューサー，報道局長などを務める．2023年度日本記者クラブ賞受賞．
著書―『検証 経済失政――誰が，何を，なぜ間違えたか』(共著)，『検証 経済迷走――なぜ危機が続くのか』，『検証 経済暗雲――なぜ先送りするのか』，『ドキュメント 日銀漂流――試練と苦悩の四半世紀』(第42回石橋湛山賞受賞)，『ドキュメント 通貨失政――戦後最悪のインフレはなぜ起きたか』(以上，岩波書店)，『平成金融史』(中公新書)など．

ドキュメント 異次元緩和
――10年間の全記録　　岩波新書(新赤版)1997

2023年12月20日　第1刷発行
2024年4月5日　第2刷発行

著　者　西野智彦《にしのともひこ》

発行者　坂本政謙

発行所　株式会社 岩波書店
〒101-8002 東京都千代田区一ツ橋2-5-5
案内 03-5210-4000　営業部 03-5210-4111
https://www.iwanami.co.jp/

新書編集部 03-5210-4054
https://www.iwanami.co.jp/sin/

印刷・理想社　カバー・半七印刷　製本・中永製本

ISBN 978-4-00-431997-9　　Printed in Japan

岩波新書新赤版一〇〇〇点に際して

ひとつの時代が終わったと言われて久しい。だが、その先にいかなる時代を展望するのか、私たちはその輪郭すら描きえていない。二〇世紀から持ち越した課題の多くは、未だ解決の緒を見つけることのできないままであり、二一世紀が新たに招きよせた問題も少なくない。グローバル資本主義の浸透、憎悪の連鎖、暴力の応酬――世界は混沌として深い不安の只中にある。

現代社会においては変化が常態となり、速さと新しさに絶対的な価値が与えられた。消費社会の深化と情報技術の革命は、種々の境界を無くし、人々の生活やコミュニケーションの様式を根底から変容させてきた。ライフスタイルは多様化し、一面では個人の生き方をそれぞれが選びとる時代が始まっている。同時に、新たな格差が生まれ、様々な次元での亀裂や分断が深まっている。社会や歴史に対する意識が揺らぎ、普遍的な理念に対する根本的な懐疑や、現実を変えることへの無力感がひそかに根を張りつつある。そして生きることに誰もが困難を覚える時代が到来している。

しかし、日常生活のそれぞれの場で、自由と民主主義を獲得し実践することを通じて、私たち自身がそうした閉塞を乗り超え、希望の時代の幕開けを告げてゆくことは不可能ではあるまい。そのために、いま求められていること――それは、個と個の間で開かれた対話を積み重ねながら、人間らしく生きることの条件について一人ひとりが粘り強く思考することではないか。その営みの糧となるものが、教養に外ならないと私たちは考える。歴史とは何か、よく生きるとはいかなることか、世界そして人間はどこへ向かうべきなのか――こうした根源的な問いとの格闘が、文化と知の厚みを作り出し、個人と社会を支える基盤としての教養となった。まさにそのような教養への道案内こそ、岩波新書が創刊以来、追求してきたことである。

岩波新書は、日中戦争下の一九三八年一一月に赤版として創刊された。創刊の辞は、道義の精神に則らない日本の行動を憂慮し、批判的精神と良心的行動の欠如を戒めつつ、現代人の現代的教養を刊行の目的とする、と謳っている。以後、青版、黄版、新赤版と装いを改めながら、合計二五〇〇点余りを世に問うてきた。そして、いままた新赤版が一〇〇〇点を迎えたのを機に、人間の理性と良心への信頼を再確認し、それに裏打ちされた文化を培っていく決意を込めて、新しい装丁のもとに再出発したいと思う。一冊一冊から吹き出す新風が一人でも多くの読者の許に届くこと、そして希望ある時代への想像力を豊かにかき立てることを切に願う。

（二〇〇六年四月）